法律逻辑学及法律论证研究

佟璐◎著

河海大学出版社
HOHAI UNIVERSITY PRESS
·南京·

图书在版编目(CIP)数据

法律逻辑学及法律论证研究 / 佟璐著. -- 南京 : 河海大学出版社，2025. 8. -- ISBN 978-7-5630-9789-0

Ⅰ. D90-051

中国国家版本馆 CIP 数据核字第 2025H0E292 号

书　　名 法律逻辑学及法律论证研究
FALÜ LUOJI XUE JI FALÜ LUNZHENG YANJIU
书　　号 ISBN 978-7-5630-9789-0
责任编辑 齐　岩
文字编辑 顾跃轩
特约校对 山亚芬
封面设计 徐娟娟
出版发行 河海大学出版社
地　　址 南京市西康路 1 号(邮编:210098)
网　　址 http://www.hhup.com
电　　话 (025)83737852(总编室)
(025)83722833(营销部)
经　　销 江苏省新华发行集团有限公司
排　　版 南京布克文化发展有限公司
印　　刷 广东虎彩云印刷有限公司
开　　本 718 毫米×1000 毫米　1/16
印　　张 11
字　　数 197 千字
版　　次 2025 年 8 月第 1 版
印　　次 2025 年 8 月第 1 次印刷
定　　价 68.00 元

前言 PREFACE

法律逻辑学与法律论证的研究是法学领域中至关重要的一个分支,它关注法律推理的合理性和有效性。法律逻辑学的核心在于分析法律论证的结构、方法以及推理规则,以确保法律决策的严谨性和一致性。通过对法律条文、司法实践、判例和法律原则的系统分析,法律逻辑学能够揭示法律推理中可能存在的逻辑漏洞和不合理性,进而提高司法判决的质量。法律论证则是在此基础上,结合案件的具体情况,通过一系列严密的推理步骤,得出公正、合法的结论。法律论证的过程要求法官、律师等法律人员运用各种逻辑方法,严密推导出最合适的法律适用规则,确保每一个判决都能够既符合法律规定,又符合社会正义。在此过程中,法律论证不仅涉及对法律条文的分析,还包括对法律原则、历史背景、社会效益等因素的综合考量。有效的法律论证需要确保推理的合法性、合理性、公正性与透明性,这对于弘扬法治精神和保障司法独立具有深远意义。

本书旨在深入探讨法律逻辑学及其在法律论证中的应用,力图为法学研究者、法律实践者以及对法律推理有兴趣的读者提供一部全面、系统的参考书。法律论证是法律实践的核心组成部分,涉及逻辑推理、证据评估与合理性判断,它不仅影响司法裁决的公正性,也关系到法治社会的基本运行。本书的主要目标是揭示法律逻辑的历史演变与理论发展,并系统地分析西方法律逻辑的论证框架。通过回顾法律逻辑思想史,我们将理解法律推理的起源与变迁,并进一步探讨现代法律逻辑学是如何从传统法理学中脱胎而出,成为独立学科的。特别是本书着重对法律论证的定义、结构、程序及其可接受性等方面进行深入剖析,旨在为法律实务提供理论指导,并为法学研究提供新的视角。本书适用于法学院师生、司法人员、律师以及所有从事法律相关工作的专业人士,亦适合任何对法律推理和论证感兴趣的读者。

笔者在写作本书的过程中借鉴了许多前辈的研究成果,在此表示衷心的感谢。由于本书需要探究的层面比较深,对一些相关问题的研究可能不透彻,加之写作时间仓促,书中难免存在一定的疏漏之处,恳请前辈、同行以及广大读者斧正。

目录 CONTENTS

第一章 法律逻辑思想史

从古希腊到近现代，法律逻辑的发展经历了不同思想体系的碰撞与融合。早期的法律逻辑偏重直观和经验，直到亚里士多德提出形式逻辑，法律推理才有了更加系统的理论基础。中世纪法学家通过神学与法律结合探索逻辑规则，而近代则引入了实证主义和经验主义，推动了法律逻辑的创新。最终，随着信息化和大数据时代的到来，法律逻辑迎来新的挑战与机遇。

第一节　法律逻辑的起源与发展

法律逻辑的起源可追溯至古希腊时期，尤其是亚里士多德的逻辑学说为后来的法律推理提供了基础。他强调通过理性分析来解决问题，这一思想影响了后来的法学发展。随着中世纪学者对法理与神学的结合，法律推理逐步规范化。进入近现代，法律逻辑更加注重形式化推理与实证主义的结合，推动了法律规则的系统化。在信息化和全球化的背景下，法律逻辑的应用不断扩展，为复杂法律问题的解决提供了新的思路。

一、法律逻辑的含义

法律逻辑是指运用逻辑思维方法分析、推理和解决法律问题的过程。它要求法官、律师等法律从业者在处理案件时基于法律条文、司法解释及先前判例，通过严密的推理推导出合理结论。通过法律逻辑，可以有效避免情感化判断，确保法律适用的公正性。合理的法律逻辑不仅能帮助法律从业者理解和适用法律，还能确保司法决策的透明度与一致性。

二、法律逻辑的起源

（一）古希腊哲学与法律逻辑的起源

法律逻辑的渊源可以上溯至古希腊，在无数古希腊先哲的思想中，亚里士多德的形式逻辑思想尤为突出。亚里士多德是近代西方哲学的奠基人，他不仅在形而上学、伦理学、政治学等方面取得了杰出的成就，同时也对后世的法学论证与法律逻辑的发展产生了深远的影响。亚里士多德的逻辑学，尤其是他的演绎理论，深刻地影响着法学的发展与演进。由亚里士多德提出的三段论法是一种在结构上由两个前提、一个结果组成的推论方法。该学说的主要特点是从

“合理的条件”出发，在“论证”的基础上，注重“论证”的严密性和合理性①。在司法实践中，很多基础形式和构造都与三段论法存在着明显的相似之处。在司法实务中，法官与律师往往根据已经知道的事实（前提），通过推论来获得判断。比如，法庭在审判一起刑事案件时，根据罪行的证明（先决条件），并与法规（另外的先决条件）相联系，推断出其有无罪。这个推论的过程非常符合亚里士多德的演绎逻辑，显示出了一种合乎逻辑的、系统化的法学推论。亚里士多德的逻辑理论不但为法学的论证建立了一个理论基础，而且对法学思想的标准化、制度化起到了促进作用。在各种法律推论中，严格的逻辑推论与法则运用对于保证司法的公平与合理性至关重要。就像亚里士多德的“逻辑”一样，法律的运行也离不开“法则”。人们逐渐从直观、经验主义的逻辑推理过渡到更为理性和系统的逻辑分析。在这样的大环境中，法律逻辑逐步发展起来，并成为后世法学研究的重要依据。

亚里士多德所创立的“法学”体系，对法学的发展具有重要的意义。这种划分方式不但适用于自然科学研究，而且对法学中的规范划分也具有一定的启发意义。对于刑法、民法和行政法等各种类型的法规，其所对应的情形也不尽相同。法律的归类与运用实质上就是一种在具体情况下进行的逻辑推论，其重点在于对各种情况下的推论原则与运用准则。这样的划分有利于对法规规章进行梳理和总结，从而使法规制度更加明确、规范。亚里士多德关于“归纳”和“演绎”的两个概念，也是构成“法律逻辑”的一个主要方面。归纳是从特定的事情中得到普遍的结果，而演绎是根据普遍的规律导出特定的结论。司法人员经常要将这两种方法有机地组合起来。首先，由法院对个案进行总结，找出个案中具有共性的法律问题，再依据相关的法律规定，运用推论方法，最后作出裁判。通过这种方式，在一定程度上保证了在现实生活中的合理性，也保证了对普通法的普遍适用。

亚里士多德的形式逻辑不但是法律推论的一种手段，而且也是一种对规则的规定与诠释的手段。在司法解释中，司法人员往往要根据文本的文字含义，并将其与所隐含的立法目的相联系，从而得出结论。通过严密的逻辑推理，使法官能够从具体案例中找到所要应用的法理，从而保证裁判结果的合理与统一。立法程序的关键是准确适用法规，把握其内部逻辑。亚里士多德的逻辑学系统对法学的发展产生了深远的影响，其主要表现为对法学的理论和实践产生

---

① 杨三正. 法律逻辑学[M]. 兰州：兰州大学出版社，2015.

了深远的影响。经过漫长岁月的演变，罗马及中古时期的法学研究者们又以此为依据，对其做了更深层次的探讨。在古罗马，以西塞罗为代表的法学家把逻辑和论证有机地融合在一起，注重在司法活动中运用理性和思辨的力量。在中古时代，虽然神学家与法律学者将神学因素融入论证的进程之中，但是他们依然保持着亚里士多德的理论架构。在此基础上，从“神秘化”和“主观性”走向“理性化”和“规范化”。

（二）古罗马法学家的贡献

早在罗马时期，法学界就已开始重视对法的阐释和适用，并对逻辑在法中的功能进行了深入的探索。西塞罗是罗马历史上最有名的法学家、政客之一，他的法学思维与论辩能力对法学的发展有着深远的意义。西塞罗既把论辩术和逻辑学有机地融合在一起，又以“理”的方式来揭露案情，从而为近代法学制度的形成提供了一个基本的理论依据。西塞罗将逻辑分析纳入法律推论之中，对罗马法理学的发展起到了促进作用，对后来的法学理论研究与实践也产生了重要的作用。西塞罗重视论证技术和逻辑分析的有机统一，这对法学的发展具有重要意义。法庭上的辩论是必不可少的一环，西塞罗的论辩艺术并不只是依靠感性与修辞，而是注重理智与逻辑的论证。他认为，司法辩论应当以严密的逻辑论证为依据，而不能依靠情感和技术上的鼓动。这种观念为法院进行诉讼的正当性提供了依据，从而促进了诉讼的规范化、有序化。西塞罗认为，法学论证既是对个案的叙述，也是对其进行论证的一种方法，它对法学理论的发展具有重要意义。他在《论演说家》一书中对论证过程进行了详尽的论述，并对法律理论及法庭辩护实务产生了深远的影响。在他看来，辩论并不只是要发表自己的意见，更要以合理的推理来建构可靠的论点。法官在此基础上，既要依据法条，又要依据个案的实际情况，进行理性的推论，才能作出符合逻辑的判断。这种方法既提高了司法推理的合理性、科学性，又提高了司法裁判的公平性与透明度。

西塞罗的理论成就并不只体现在他的论辩能力，还体现在他对司法过程与司法实务的深刻认识。西塞罗主张，在司法论证中，既要精确地使用理性，又要紧密联系现实生活，要注重个案所处的时代环境与公众的兴趣。他指出，在进行理性分析时，一定要把人们的行为和不断改变的社会价值都纳入其中。西塞罗的这个想法对那个时代的法庭辩论有很大的影响。他不但促进了法学的发展，而且为后世法学的发展奠定了理论基础。同时，西塞罗的法学思想也成了罗马法理学的根基。在西塞罗的影响下，古代罗马的法学学者不再单纯地依靠法律条文，而是越来越重视对法条的诠释与论证。既要对其进行形式上的把握，又要以合理的逻辑进行推论，才能发现其真实的意义。这种认识促进了罗马法学者们对法律制度的进一步剖析与理论化，从而形成了一个既有实践意义又有较高理论水平、较系统的罗马法。

在其注重论证的过程中，其对“规范”的理解与运用已由纯粹的“规范”转变为“规范”的“逻辑”。这种转型为日后法学之发展打下了基石，使之不再仅仅是一种权威，而是一种理性与逻辑的产物。西塞罗对“理性”“正义”的重视，不仅为罗马法系统的形成打下了坚实的理论基石，而且对后世法学中的各种论证方式、辩护手法等产生了深刻的影响。西塞罗的法学逻辑观是罗马法发展过程中的一个关键环节，同时也是后世法学研究的一个主要思路。西塞罗的论辩方法与逻辑推理在中古法律研究领域有着极其重要的地位。西塞罗的学说伴随着法理学的不断发展，它与其他法学学说相互融合，共同促进了法理学的发展和完善。在法律逻辑的萌芽时期，西塞罗以唯理论为基础，结合了实证主义的思维方式，从而形成了一股促进法学理论科学化的强大动力。

（三）中世纪神学与法律逻辑的结合

在中世纪，宗教对法律制度产生了深远的影响。特别是受“教父”主义的启发，人们对宗教与律法之间的关系进行了探索，并尝试着以宗教原理对法进行阐释与适用。在这个进程中，宗教不再仅仅是一种信念的表现，而是一种合理的论证手段。神学家如奥古斯丁、托马斯·阿奎那等，将基督教的教义与其自身的学说有机地融合在一起，形成了一种“神学”与“法”的统一体系。他们主张，法要体现上帝的旨意，而法的推论要以神性法则与理性为基础。虽然在此期间，宗教逻辑起着支配作用，但其本质却已经改变。在宗教逻辑中，注重的是对理论的演绎与对形上的反思，更多地关注于抽象的哲理探讨，而忽略了其在实际中的运用。这导致了中古时期的法律逻辑注重在理论层次上的演绎，而缺少对实践的验证与运用。其结果是，这个阶段的司法论证常常与个案的具体剖析相背离，而更多地集中于学理与伦理的讨论。

然而，这个时代的法学思想却为后世法学的发展奠定了基础。神学学者运用演绎的方法来解决法学问题，不但从亚里士多德的逻辑学中汲取经验，而且也发展出了中古时期特有的法学思维模式。特别是托马斯·阿奎那，他把宗教和法律科学相融合，在他的《神学大全》中，他首先提出了“自然法”，然后对法的证成和伦理的联系进行了论述。阿奎那主张法应该遵循“自然法”与“神圣法”的逻辑，既要根据现实生活，又要与“上帝”“伦理”协调。这一观点对后世自然法学及法学理论的发展具有重要的指导意义。在中古晚期，宗教与法律之间的关系也随之改变。尽管在法学系统中，宗教的论证方式是最基本的，但是，自文艺复兴以来，由于理性主义思想的盛行，法学也有了越来越崇尚理性与科学的倾向。在这种情况下，法律逻辑摆脱了沉重的思维模式，而逐渐走向更为抽象、一般的合理思维。但在中古时期，宗教与法学相融合，特别是以宗教来诠释法规的这一模式，至今仍深深地影响着人们的思想与理性。这一发展历程显示，虽然中古时期的法律逻辑更多地依靠于神学的理论演绎，而缺少实际的运用，但却对后世法学逻辑的理论化和系统化发展提供了有益的启迪。阿奎那所论述的“法与德”的关系问题，为后世法学研究的发展积累了丰厚的精神财富。在漫长的发展历程中，法学逻辑逐渐摆脱了中古时代的神学架构，走向更加独立和科学的道路。

（四）法律逻辑的早期发展

尽管在中古时期，法律逻辑的发展仍然停留在理论，但是，这一思想为以后的法律和逻辑之间的互相融合打下了坚实的基础。虽然中古时期的法学逻辑过分倚重于宗教架构与理论推论，但却为后期法学的独立与科学化奠定了其基本的思维模式与论证模式。理性思维逐渐替代了中古时代的神秘主义，使法学的理性化、系统化和普遍化成为可能，为后世法学的发展奠定了基础。随着文艺复兴运动和理性意识的兴起，人们逐渐摆脱了传统的宗教和神秘主义的桎梏。文艺复兴不仅是艺术、文学与科学之复兴，同时也是对人的理智与智慧的再确认。在此大环境下，唯理论逐渐占据了主导地位，尤其是在人文科学中，思想家对人的理性、经验与科学方法的关注越来越多。就法理学来说，它指的是，法不能以神学为基础，而应该是建立在理智与逻辑论证基础上的一门单独的学问。从宗教推理的角度出发，法学逻辑逐步走向系统化、独立化和科学化，并与传统的神学逻辑相区别。这种转变最突出的是，法律学者们逐渐引进了古希腊和古罗马的逻辑分析方法，并对其进行了发展和运用。亚里士多德的逻辑学在整个文艺复兴期间都是一个非常有价值的理论来源。法律学者从亚里士多德的形式逻辑，尤其是三段论式的思维方式出发，对法律条文、判决案例以及在法律实务中遇到的种种法律问题进行分析。这种逻辑方式注重从前提出发得出结论，从而确保了严谨、连贯的推理。法官们在分析法律条款时，不但要注意其文字上的含义，而且还要注意其逻辑的构造，这样才能提高其科学、准确的判断能力。

在重归古典逻辑的同时，它也为新的思维方式和新的学术风尚注入了新的活力。在唯理论思潮的驱动下，人们对法规文本内在的逻辑与规范的关注日益增多。法已不再只是一种由社会习俗或上帝的旨意所决定的规范，它已成为一种基于理性逻辑的规则系统。法律人的思考模式已逐步趋向于系统、合理的论证，对法律条文的运用不仅仅依靠法律自身的诠释，而且还要依靠法律与社会的关系，结合法律条文所隐含的一般原理和个案的特定情况。这种发展推动了法学逻辑逐渐从中古时代的神学架构中走出，走向理性化和理论化。文艺复兴时期的法学研究者们不但重视法学的实践运用，而且重视其内部的逻辑与规范。尤其是在对法条的诠释上，学者不再拘泥于“判例”与“惯例”，而是采取了更加合理的方式，探索了“一般原则”与“逻辑”之间的关系。另外，在这一过程中，人们也注意到了法学和逻辑之间的联系，尤其是其在法学思想中所起的作用。在形式逻辑研究的不断深化下，学者开始在法律推理中引进更为严密的逻辑架构。形式逻辑注重以明确的规律和结构来进行推论，这与归纳、演绎等方法相一致。通过使用正式的逻辑方法，法官可以对法律条款与案情的关联进行更为准确的解析，提高了法律推断的准确性和可信度。

法津人对亚里士多德的逻辑思想进行了全面的研究，并将其与自然科学相结合，使其得到了更深层次的发展。比如，法学者从演绎方法等角度，运用更为严谨的方法构造出一套合理的法律论证体系。特别是对法律条文的解读与个案的论证，使之更加科学化、规范化。在文艺复兴期间，由于社会的逐步开放与科技的进步，使法律从单纯地依靠习俗，逐步朝着规范、制度化方向发展。法律的合理发展顺应了社会对法的需要。随着时代的发展，人们对法律问题的解决提出了越来越高的科学、理性的需求，这就需要立法者更加重视推理的结构化、系统化和严密化，以提高司法的公平与权威。

三、法律逻辑的发展

（一）文艺复兴后的逻辑独立性

伴随着唯理论思想的崛起，法学界出现了一场巨大的转型。随着“人本主义”的兴起，人们对“合理性”与“科学性”的关注越来越多，“法官”们也逐步从

"宗教"的束缚中解脱出来，走向一种更为自主的法治道路。法学已从单纯的宗教信仰中脱离出来，发展成为一种以理性思考、逻辑法则和客观现实为基础的一种相对完整的系统。法学家们逐渐意识到，法既要有自身的内部构造，又要以理性的方式予以明确表述与应用。文艺复兴的人本主义主张个人的理性与科学的方式，其对法律领域的影响尤其显著。人本主义主张向经典文化的复归，提倡人类的理性与独立思维。这一思潮的出现，引发了法学界对法学理论依据及其论证方法的反思。学者们认为，司法的论证应当建立在客观的事实与逻辑法则之上，而不是建立在神学教条或教会权威之上。这一转向表明了法律推论的独立地位正在逐步形成。他们主张，作为一种社会准则，不能依靠任何一种宗教的力量，也不能依靠任何一种迷信的论证方式。

学者对古希腊、古罗马法的理论进行了再研究，尤其对亚里士多德的逻辑推理与罗马条义的解读方式进行了反思。经典理论为法官们提供了一个合理的分析架构，从而使得他们可以对法律进行更为系统化的研究。与中古时代的宗教思想相比，这个时代的法学学者更多地注意到了法条之间的内在联系。他们认为，法律并非是由教条组成的松散的制度，而应该是一种内部有序的制度，它可以通过逻辑来进行运作和诠释。法学界也逐渐形成了以形式逻辑为基础，运用严密的逻辑推理方式对法规进行剖析的思路。比如，当一个人在审理一个案例时，他不但要根据法条的文字含义，而且要根据案情的特定情况和社会环境，运用演绎和归纳的方法，得出一个合乎逻辑的法律结果。这一发展历程体现出了从"宗教"到"自主""理性"的演变，对法学的自主发展起到了一定的促进作用。同时，文艺复兴时代的法学家也开始认识到，法并不只是一系列制约人们行动的规定，同时也要有其内在的逻辑连贯性与科学精神。在此背景下，法学界对理性的论证机制进行了探索，以期实现对法的正义和合理性的保护。在法律推理日趋合理化的今天，人们越来越重视法律规范间的内在联系，力图构建一套适用于现实生活的法学理论。在此期间，学者们不但在学理上进行了较深的探索，而且在实际操作中逐步发展出更为标准化、系统化的法学推论方式。法已不仅仅是一种信仰、伦理的表现形式，它已成为一种单独的学问。随着各大法学院纷纷开设法律推理、逻辑与法学等学科，法官也逐渐重视起了法律推理的作用。法学教学已逐渐摆脱了"教条"的束缚，而更多地关注于对大学生自主思考与理性思考的训练。这些都是近代法律制度建构的强大意识形态支撑与教育依据。

(二)启蒙时期的实证主义影响

启蒙时期是人类历史上具有重大意义的一段时期,哲人们所倡导的"实证性"观念深刻地冲击着整个社会的方方面面,该理论是法律逻辑学发展中的里程碑。在该时期,以霍布斯和洛克为代表的哲人们的学说都是从理性与体验的角度去理解这个世界的,他们认为,法应该遵循自然规律,而这种观念是建立在理性论证之上的。实证论的提出使法学由抽象的形而上学走向更为明确、具有操作性的论证系统,为法学的发展提供了坚实的理论依据。在启蒙时期,"实证论"既转变了法理学的理论基础,又为后世法理学研究开辟了一条崭新的道路。霍布斯、洛克等人提出的"实证论"对"形而上学"的传统概念进行了批判,主张以"社会实践"及"合理"为基础对法律进行"构造"与"理解"。霍布斯主张,人的行动是建立在自然规律基础上的合理选择,而法之所以产生,就是要保证社会的有序与个体的平安。他主张,法不能完全依靠宗教或伦理,而应该建立在合理的基础上,并根据现实的社会问题进行调整。这一论述清楚地说明了法治必须以理性为前提,并突出法治与实际生活的密切联系。洛克在此基础上对霍布斯的学说进行了深入的研究,突出了自然法与契约主义在法治建设中的重要地位。他的学说对后世的实证法起到了很大的推动作用,它使法学不再只是一种宗教或一种抽象的伦理准则,而更多地成为一种基于理智与人的经历所规定并加以实施的一种社会规范。洛克的上述学说为法学的逻辑系统构建了一个合理的论证架构,从而推进了法学逻辑由理论向实际的转变。

启蒙时期的实证性思维对法学的最大贡献在于促进了法学理论系统的科学化。在此以前,很多的法学论证都是建立在一些抽象的基础上的,缺少具体的、可操作的理论架构。实证论主张,法律的推论应该建立在客观的、以经验为基础,并注重逻辑的科学与系统之上。他们认为,与其依靠超验性的伦理或宗教学说,不如对现实状况进行合理的分析。这种思路促使法学的逻辑推理由抽象的形而上到具体的、实际的、可检验的论证。与以往的法学理论侧重于一般、抽象的理论相比,实证性法学更多地关注于法学规范的具体操作。他们主张,司法实践中,要有一系列符合现实需要的规范,而非单纯的理论推理。启蒙时期的实证论为法学的规范与制度化提出了一种新的思考模式,从而使法学的论证变得更为清晰、规范。这一变迁,使法学逻辑走向独立、理性、精确化,并奠定了日后法学理论发展的根基。由于对法理学的重视,法学教学中摆脱了宗教与哲学的束缚,而转向了对其实践运用与逻辑论证的关注。法学院的教学大纲中逐步加入了经验主义的研究，并将其重心转移到了对法条的阐释和科学的论证方式上。近年来，越来越多的法律教育工作者重视对法学生进行分析与逻辑的训练，以便让他们将来在处理纷繁的司法案件时，运用所学到的理论知识，更好地为我国的司法实践服务。

（三）19 世纪形式逻辑的引入

19 世纪，形式逻辑得到了迅猛的发展，并逐渐将更为严格的逻辑学手段引入法学推理中，这一进程是法学推理向科学化、精细化、形式化发展的一个重要的里程碑。以数学逻辑、象征逻辑为主要特征的形式逻辑，为法学研究的发展开辟了新的途径和视野。通过这一逻辑架构，法官可以根据具体的法条、个案，作出更为严谨的推论，进而提高其正确性与连贯性。这种转型不但实现了对法学理论研究方法的变革，而且深刻地冲击着法学理论的实际应用，使得法学理论从单纯的文字诠释与传统的论证，逐渐融入象征体系与数理推论之中，促进了法学逻辑的标准化与可操作性。形式逻辑的引进，促使人们逐步摆脱了以往的归纳和演绎的模糊思维，而走向更为形式化和符号化的思维模式。19 世纪初期，在逻辑学者们的不懈研究下，形式逻辑逐渐形成了一种严格的逻辑推理系统，该系统以符号、数学结构和规律为基础，将逻辑推理的过程表达出来。这种变化极大地促进了法律推理的变革，它使法官能够用更为精细的符号体系表达出规则，从而消除了语言的歧义性和模糊性。比如，在对法规条款进行解析时，通过象征式的推论方式，突破了以往仅限于对文字表述或法律用语的解读，从而清晰地揭示出各种命题间的逻辑关联。

19 世纪，随着形式逻辑在世界范围内的广泛应用，也促使了法学理论向标准化、系统化方向发展。它以严密的法则与系统为基础，使法律学者更为客观、规范地进行推理。法律学者放弃了直观的评判，采用了形式的逻辑规则，保证了法律的规范化与精确性。这种方式的引进，从某种意义上说，将法律推理从人的偏见中解放出来，促进了司法的公正与统一。比如，在判决时，可以利用逻辑法则对案情和法条进行剖析，使判决更为准确和理性。同时，由于逻辑学的引进，也使法学的推论不再局限于对法条的表层解读，而上升到对其内部结构的剖析。法官可以从理论上明确各种命题、条件和结论的内在联系，从而进行更为繁复的逻辑研究。这就要求法律的推论不再只是单纯的判定，而应是一种具有科学性和逻辑性的分析程序。比如，在对法规的解释过程中，运用形式逻辑可以明确规定的条件关系、推导关系等，以达到准确、全面、合乎逻辑的目的。

这样，既使法条的运用更为精确，又与整个法制的逻辑架构相一致。

通过形式化的象征体系，可以使法律工作者对复杂的个案进行更为准确的象征与构造，从而克服了传统意义上无法表述的复杂现象。与这些交叉学科的结合，不但使得法律推论的科学性、严密性得到进一步提高，也为其他法学研究的发展提供了新的思路。同时，形式逻辑的引进也为近代法学的发展创造了条件。在现代科技与人工智能技术的推动下，法学理论中的"规范化"思想正逐步成为法学信息化、智能化的重要组成部分。比如，在电子法院中，一个建立在形式化推理基础上的人工智能可以对案例中的有关条款进行自动解析，从而给法官提出合理的司法意见，从而提高审判的精度与效率。

（四）20 世纪的数字化与模型化

进入 20 世纪，计算机科学与人工智能的飞速发展，为法律逻辑带来了前所未有的革命性变化。随着信息技术的不断进步，传统的法律逻辑逐步进入了数字化与模型化阶段，法学家开始借助计算机技术、数学模型和算法等手段来处理和解决法律问题。这一转变不仅改变了法律推理的方式，也促使法律体系进入了一个全新的智能化时代。通过使用自动化和智能化的法律推理系统，法律逻辑变得更加精准、高效，并能够应对更加复杂多变的法律问题，这为法律实践和学术研究开辟了广阔的前景。数字化与模型化的进程使得法律推理的方式发生了深刻的变化。传统的法律推理多依赖于法官或律师的经验和直觉，而数字化法律逻辑则通过将法律条文、判例、判决结果等转化为数字数据，并使用计算机模型和算法来分析这些数据，从而形成了更加科学和系统化的推理方式。计算机技术的引入使得法学家能够快速处理大量的法律信息，提取其中的关键信息，进行大规模的数据分析，以发现潜在的规律和趋势。这不仅提高了法律推理的效率，也使得法律实践更加精确和一致。例如，在大规模的法律数据处理中，法律专家可以利用人工智能算法来识别案件的关键问题，预测可能的判决结果，从而为法律决策提供更加精准的支持。法律逻辑逐渐融入了计算机科学中的形式化方法和模型理论。计算机科学中的模型化思维，特别是数学模型和统计模型的应用，使得法律问题的处理变得更加规范化和系统化。法学家不再单纯依赖语言的解释或传统的归纳推理，而是将法律问题通过模型进行抽象和描述，从而实现更高效、精确的推理。例如，案例预测系统使用历史判决数据和法律条文，通过建立数学模型来预测未来案件的判决趋势，这一过程不仅提高了司法透明度，还为法官提供了数据支持，帮助其作出更加合理的决策。这种模型化的思维不仅应用于具体案件的推理，也逐渐扩展到法律规则的制定和法律系统的优化当中，推动了法律逻辑向着更加科学化、系统化的方向发展。

数字化技术和人工智能的应用也极大提升了法律推理的自动化水平。在传统的法律实践中，法律推理依赖于人为的解释和判断，存在着较大的主观性和不确定性。而通过引入数字化和智能化的推理系统，法律逻辑得以实现自动化，能够在没有人为干预的情况下，通过计算机程序进行法律分析、推理和判决。这一过程不仅加快了案件的处理速度，也大大降低了人为错误和偏差的可能性。在实际应用中，许多国家和地区的法院已经开始使用基于人工智能的自动化法律推理系统，这些系统可以分析案件事实，匹配相关法律条文，甚至预测法官的判决结果。这种智能化的法律推理系统不仅提高了法律处理的效率，还为法律工作者提供了更有力的决策支持。随着数字化技术的进一步发展，法律信息化的背景也为法律逻辑的创新提供了新的机遇。在信息技术的推动下，法律数据的积累和分析变得越来越方便，法律专家可以更加容易地获取海量的法律信息，包括判例库、法规条文和法律文献等，从而加速法律推理和学术研究的进展。通过对法律数据的深入分析，研究者能够识别出法律规则的内在联系，发现法律推理中的潜在规律，推动法律理论的发展。此外，基于大数据的法律分析还可以帮助法律从业者发现一些微妙的法律趋势，进而对法律政策的制定和司法实践进行优化。数字化与模型化的发展也对法律学科的教育产生了深远的影响。传统的法律教育注重的是案例学习和理论分析，而数字化与模型化的技术使得法律教学逐渐引入计算机辅助学习工具，法学学生不仅学习传统的法律知识，还能够运用现代技术手段进行法律分析和推理。通过实践模拟、案例分析和数据挖掘，学生能够更好地理解法律逻辑和推理方法，并掌握现代法律技术。这不仅提升了法律教育的水平，也为法学人才的培养提供了更加全面和先进的教育手段。

第二节　经典法律逻辑思想的演变

经典法律逻辑思想经历了不断的演变与发展，始于古希腊哲学，并受到亚里士多德形式逻辑的深远影响。中世纪神学家的理论探索虽然受到宗教影响，但其对法律推理的理论化构建也为后期的发展提供了启发。进入启蒙时代，理性主义和实证主义推动法律逻辑脱离神学束缚，逐步走向独立、系统化。

一、古希腊时期的逻辑思想

（一）亚里士多德的三段论

亚里士多德的“三段论证法”是古希腊最有影响力的一种逻辑思想，它深刻地影响着后来的法学研究。三段论实质上是一种以两个条件为基础而得到结果的推论方式。它由大前提、小前提和结论组成，大前提是一般的，小前提是例子，而结果是从这两个方面得到的特殊结论。在法学研究中，运用三段论方法可以使司法人员根据已经存在的法则与事实，作出理性的判决与结论。三段论法的基本构造决定了它是一种非常实用的形式推断工具。这个由亚里士多德所建立的推论架构简单明了，可以协助人们从普遍法则过渡到特定的实际情况，并以合乎逻辑的方式进行推论。由于其严谨的形式结构，使得其在司法实践中得到了广泛应用。比如，在对一个案子进行审判时，一般都是以现有的一般法则（大前提）为基础，再与个案中的特定事实（小前提）相联系，最后作出裁决。通过这样一种形式的论证，既提高了司法判断的科学性，又促进了司法的统一与公正。司法制度是由一套一般性的原则所建构而成，而司法实践中又常常要求法官根据个案的实际状况加以判断。例如，假定的大前提可以是“盗窃是一种犯罪”，而假设的小前提可以是“被告人在某处被逮捕时，他是在盗窃”，而最后的结果则是“被告人犯罪了”。以三段论为基础的论证方式，保证了司法裁判的严谨。

在诉讼中，辩护律师往往会运用逻辑推理的方法来强化自己的辩护。通过对法条及具体案情的分析，可以使律师对案情进行系统分析，使其具有较强的逻辑性。这样的逻辑架构，既能加强辩护方的说服性，又能支持裁判的判决。三段论在司法实践中的运用并不限于最后的判断，其对司法的诠释也起到了很大的推动作用。由于法律规范自身存在着一些模糊性，因此在裁判时，必须将案件事实与法规规定相联系，运用三段论法的思维方式来诠释法律。司法机关在司法实践中对法律进行诠释并对案情作出判断，是司法实践中的一个重要环节。这样既能确保适用法律的科学、统一，又能防止法官的任意判断。由于司法实践中存在着大量的不确定因素，因此，司法实践中的三段论法在实践中具有一定的局限性。当遇到多种纠纷或者是不同的规范相互矛盾时,仅仅依赖三段论来进行推论往往会使问题简单化,最终与现实不符。所以,尽管三段论法是法律推断的基本架构,但是对于一些比较复杂的案例,法官还是要综合运用其他的逻辑手段与判断技能。

(二) 法律与自然法

早在古希腊时代,亚里士多德等哲人就对法的性质做了较全面的研究,特别是对"法"究竟是"天之法",还是"天人之智"所创造的"天之道"等问题进行了研究。这种争论对后世的法理学产生了很大的影响,对后世的法理学研究也有很强的借鉴意义。亚里士多德认为,法不应该完全以人们的体验与理智建构,它必须与自然法和谐统一,唯有这样,它才能被认为是一种真实的法。亚里士多德指出,"法"与"自然法"具有密切的关系,并指出"法"并不只是"社会惯例"的结果,而应该包含着一种源于"自然"的"公正"与"伦理"。其哲学理念是以"自然法"为中心的。"自然法"所涉及的法律并非由人类所规定,其具有普遍性,并且可以被人们的理智所认识和遵守。亚里士多德主张,法的合法性并非来自社会契约或立法机关的意愿,而应该反映出其内在的公正与伦理准则。在他看来,一种真实的法应该遵循"自然正义",即它要遵循人的理智与自然法则,不能只依据社会变迁与人的意志来行事。以此为指导,把法看作与人性的道德准则密切相关,既具有外在的规范性,又具有内在的道义性。

在古希腊,有不少哲人主张,法之基础必须与自然法密切相关。比如,斯多亚主义的哲人们相信,天地之序与天道之律具有普适性,并以此为准则,以人之法为之。斯多亚主义的这一观点对"自然法则"的发展起到了促进作用,它对"真实的法"的主张不仅体现了人类的意志,而且也体现了"与自然法则相一致"的原则。所以,他们提倡用理智去认识自然界的规律,并以此来建构法律制度。与之相对的是"人性创造论"。它主张,法是由人们共同的智慧与实践而逐渐发展起来的,它是由人们共同的智力与实践所决定的。法不一定要完全遵循自然规律,而要根据社会的要求、文化背景、历史传统等方面对其进行调整。这种观念在后世的经验主义法学流派中占有重要地位,它主张,法是通过一定的规范与立法程序而形成的,无须依循所谓的"天然公正"。由此可以看出,法的权威并非来源于"自然法",而在于全体民众的普遍认可与制度安排。

"自然法"和"人造法"的二元论在近代法学发展史上具有深刻的意义。从罗马法到近代的法治观念,对"法"究竟应该走"自然法"还是"人造法"这一问题始终存在着争议。近代法律学者对此进行了大量的研究。霍布斯、洛克、卢梭等人都曾在此基础上提出并完善了“社会契约论”，主张人们用“合同”来制造“国家”与“法”，这种“法”产生于人们自己的意志，却又不失某种共同的“道德”。另一方面，如奥斯丁等学者却主张，法乃一国之君所造，是一种社会之法，无须以一般之自然法则为基础，而应以一种社会之管制及秩序之要求为基础。在近代法制的发展中，虽然存在着实证论与自然法学的差异，但是二者的交融仍然为今天的法的生成与发展奠定了一定的基础。在当今世界，很多社会的法制大多是由立法机关规定的，同时也有一些是基于伦理观念和自然法则设立的。比如，在世界范围内的人权法律制度都是以自然法则为基础，以人性的尊严为核心，以最大限度地保护人权。从这一点可以看出，尽管“自然法”和“人造法”在理论上是不同的，但是，在实际操作中，它们往往是互相联系、互相促进的。

二、近代启蒙时代的法理学思想

（一）法律实证主义

18世纪启蒙时代的法律实证主义，在近代以来逐步确立了现代法学思潮的主导地位，这是法学思潮发生巨大转变的一个重要标志。其中，以约翰·奥斯丁为代表的实证主义法学家，阐明了法的生存与有效性并非取决于伦理等外在因素，而是源自法的权威与社会的契约。奥斯丁认为，法是一套由统治阶级以权威法令为基础的规范系统，其合法性来源于对该权力的认可，而非自然法或伦理法。这一论断从根本上抛弃了传统的法与德关系的二元对立，只注重于法的形态与结构，认为法应该是一套明确的规范体系。法的实质是将法与德分开。法已不仅仅被看作一种“自然法”与“普世伦理”的手段，更多地被视为由统治者以立法或法令形式所规定的特定规范。法学理论对法的“公正”“合道德”的要求越来越高，但在具体操作中，却越来越多地考虑到了规范的明确性、一致性以及适用上的规范化。因而，法学实证论注重对法学规范的客观性认识与运用，并高度强调法学的制度化。

奥斯丁的实证性观念深刻地冲击着法学制度的建构。他认为，法的合法性与权威来自政府，而不是一种超出人本身的伦理规范。这样，就使立法的内容与形式得以系统化和规范化。比如，由于法规规定的清晰化，法官们不会根据自己的道德和观点来作出判决。这样一个建构式的法制制度，既注重法规的规范化、系统化，又能促进法制的构建，促进司法公正、公开。一些学者纷纷对奥斯丁的观点进行了补充。汉斯·凯尔森是“纯粹法学”学派的创始人，他主张，司法系统应该是一个独立的系统，不能被伦理、政治等外在的东西所左右。他认为，法应当以形式规范为中心，其合法性的源泉不在于社会的伦理规范，而在于其根本的规范。凯尔森对奥斯丁思想进行了拓展，将其从形式与结构两个层面推向了一个新的高度。

但有论者认为，仅仅依靠法律的权威来定性判断法的有效性，忽略了法与道德和正义的关系。许多人都相信，法应该是为了大众的福祉而非统治阶级的权力指令。很多评论家都认为，虽然立法的方式与架构很重要，但是，如果没有社会正义与道德准则的指导，法就会走向机器化，而违背人性的根本伦理。尽管法学实证主义在形式与理论上作出了很大的成就，但是它过分强调权威与规范性，从而导致了在实践中对法律最根本的公正概念关注不足。法律实证主义为法学的系统化、规范化打下了坚实的基石，对后世法学的发展具有重大的启迪作用。特别是在当今法治社会中，法律实证主义的理念依然占据着举足轻重的地位，特别是在立法与司法实践中，对法律规范以及程序规范化的重视，无不体现着实证主义法学的深厚影响。

（二）康德的法律哲学

18 世纪，康德法学的发展达到了顶峰，其所倡导的“自由与公平”理念更是成为法学研究的一个热点。康德主张法律应以人的自由、公平和合理、伦理为前提。他认为，法不仅是维护社会秩序的一种手段，而且也是一种追求普遍公正、保护个体自由的途径。康德主张法的推论必须以“理智”和“自由”为前提，这种“以人为本”的思想架构深刻地影响着近代法学的发展。康德的法律哲学以其自身的伦理思想为根基，其中最突出的就是“实践理性”这一理念。康德认为，法的精髓在于保障个体的自由，并保障人人在法前的权利。它指的是所有人都应该享受同等的自由，并且可以用理智来评判。在康德看来，法的合法性来源于它与普遍合理规律的一致性，它不是由外在势力所强加的，它是一种理智与伦理的表现。他认为，理智可以给人们以共同的伦理规范来规范人们的行动，并使之成为法律必须遵守的准则。只有在合理与自由的基础上，才能使法的普遍性与公平得以体现。

法的普遍性与公平是康德法律思想的核心内容。康德主张，法应该具有普适性，也就是说，法应该对所有人都具有效力，并且不会因为个别或团体的特殊权力而偏离其本身。这一主张对近代法学产生了深远的影响，特别是在以普遍原则为中心的一些民主法治国家更是如此。康德的"法律的普遍性"理论，规定了一切法规与法官的判断都要遵循合理的规律，也就是说，任何一项规则都应该对全体公民有效，没有任何个人能例外。只有如此，才能使法律普遍化，才能保证个人在社会上的平等，才能保证法的统一与公平。其次，康德在法哲学中引入了一种新的论证方式，它突出了"理智"与"伦理"两个方面的作用。他主张，"法律推论"并不只是对已存在的法规的适用，它还应该反映出理性的抉择和伦理的限制。司法机关对案件进行审判，既要遵循法理，又要兼顾伦理与公正，以保证裁判结果的普遍与公正。康德的"公正"观念为近代司法实践建立了一种合理的伦理架构，使法官在面对特定的个案时，可以根据一般的伦理原理作出公正的判断。

康德对于法之逻辑与合理性的重视，不仅表现为法之一般原理，而且表现为其对法与道德之间的密切关系之理解。康德认为，法并不只是一种外部力量，而是一种根植于每一个人身上的伦理责任。法的目的在于增进个人的自由，但并非任意而为，而是要服从于一般的理性规律。康德将法律的逻辑论证与伦理义务有机地统一在一起，使法不再只是一个技术上的条款或规定，它更多地反映了人的理智与伦理。康德关于法普遍化、自由、公平等理念的阐述，对近代法学的建构起到了一定的支撑作用，特别是对宪政与权利保护而言，康德的学说尤为突出。在当今的法治环境下，人们的基本自由与权益有时会受到侵害，而法的制定与执行又要以人的自由与社会的公平作为其中心，而这一思想也源于康德关于自由与公平的思想。康德哲学对近代民主法制的发展起到了促进作用，它呼吁以理性的法制来保护个人的人权，使其不再只是一种行政手段，而是一种实现普遍公正的手段。

三、19世纪法学与逻辑的分化思想

（一）赫尔德与黑格尔的辩证法

赫尔德和黑格尔辩证法为法理学的发展开辟了一条崭新的道路，促进了法学的发展，它指出法不是一成不变的法则，它是一种在一定条件下发生变化的动态的进程。与以往的法学思潮相比，"辩证思维"从本质上打破了法学的静止状态，其把法看作是社会历史发展的一个环节，把法看作是社会结构、历史过程和人的心灵运动共同作用的结果。这种思维方式对整个社会都有很大的冲击，它使法学由静止的规范系统转向了动态的解释与论证。赫尔德是最早提倡辩证思维的人，他认为，在法学研究中，应充分重视国家的文化与社会环境。他主张，法并非是一种抽象的普世规律，它是一种历史与文明共同作用的结果，只有在具体的社会、历史环境中才能被认识。赫尔德认为，不同的国家都有自己的历史发展过程和不同的文化传统，因此，在法中应该有这样的历史表现。可以说，法的生成和发展就是对当时的社会实践的一种顺应、一种反映。赫尔德指出，法与其经济结构、文化传统，以及政治体制有着紧密的联系，是一个社会的基本价值观念和需要的体现。所以，我们不能把法看成一个死的规定，而应该把它看成一个与现实生活密切相关的动态的现实。

黑格尔对赫尔德的辩证法思想进行了进一步的继承和发展，并对其进行了深入的反思。黑格尔认为，法就是“绝对精神”的具体表现，它是人的自由和理性在一定历史过程中的具体表现。他主张，法的变革就是人的理智的自我认识，并伴随着人的自由而进步。法并非单纯的外在规范，而是由人类的历史发展与社会冲突所决定的。法律的发展并不是线性的，它是由两种对立与统一的要素所驱动的。黑格尔指出，每个时期的法律制度都是有其合理之处的，虽然在各个时期存在着相互冲突的现象，但是在较高的层面上，又以一种辩证的方法加以统一，从而促进了法与社会的发展。黑格尔在辩证法中对“自由”这一思想给予了特殊的重视。他主张法的落实是在法制与体制的发展中逐步得以实现的自由。特别在我国，法律的产生就是一个由个体到群体的逐渐完成的历程。法治在实现个人自由与社会秩序的同时，也起到了整合自由与合理的双重功能。黑格尔的“辩证法”思想在法理学上的运用突出了法与社会发展的密切关系，其认为法不应该被看作是一个封闭的规范系统，而应被看作是一个与历史、文化、经济、社会等各方面都在持续地相互作用的进程，促进了人们对法的认识。

受赫尔德和黑格尔“辩证法”思想的启发，法理学的研究经历了由对条文的“定性”到“动态”的解读的进程。它强调在理解法律时，要充分认识到社会历史背景、文化差异、个人和群体之间的相互影响。当代法理学研究中，不少人都以辩证观点，主张对法律的解读要与当前的社会实际相联系，特别是在面对错综复杂的社会矛盾和法律冲突的时候，要采取辩证态度，了解法律规范所蕴含的历史和社会背景，而不是机械地按照文字来判决。在法学的理论分析中，特别是在解决理论与实际案件的矛盾问题上，常运用辩证的方法进行论证。在传统的法学理论中，法律推论往往侧重于对条文的绝对服从，但是，辩证思维的引进却赋予了法学理论更大的灵活性与历史的深度。在现代社会的发展与变革中，法律也在发生着新的变革，辩证思维为我们解决上述问题提供了一种有力的手段，它既能体现出立法本身的含义，又能体现出它所蕴含的社会价值与历史发展。赫尔德和黑格尔提出的辩证法，不但从哲学方面给予了法理学上的支撑，而且在一定程度上促进了人们对法律的思考方式的变革。从纯粹的"法则"应用到"历史"、"文化"和"社会冲突"三个维度，辩证地推进了法律的发展，使一个静止的法律规范向一个更为复杂、多维度的动态体系迈进。这一转型使我国的立法更具弹性，更能顺应社会的变迁而改变。"辩证思维"既提高了法学的理论内涵，又为构建当代法律制度提供了丰富的意识形态。

（二）逻辑学的独立性

逻辑学是从哲学中分离出的一门独立的科学，它把法学看作是一种体系，且该体系具有严密的逻辑规律。这一转变表明了法律思维方式的转变，即从单纯的道德、经验或习惯的角度，逐渐向更为严谨、系统的逻辑学方向发展。法学与逻辑学研究者认识到，法学并非只有一套规范与条文，它还必须遵守一套严密的逻辑推论与法则。在远古时代，人们通过经验判断、习俗判断、个案判断等方法来处理特定问题，这些方法虽能独立解决问题，但缺乏系统的逻辑基础。由于逻辑学科的独立地位日益提高，尤其是 19、20 世纪以来，逻辑研究逐步向法律学科发展，法学界对其运用也越来越关注。在司法推理研究中，逐步引进了一些基础的逻辑原则，如演绎推理、归纳推理、类比推理等。这种转换可以提高推理的准确性，使推理更加清晰，克服了很多传统推理方法所存在的模糊与主观性。法学的独立性是指法学具有与其他科学相同的严谨、系统的性质。在适用中，不能依靠法官的主观或外在的道德评判，而应该建立在其自身的逻辑框架之上。随着逻辑学成为一门独立的科学，它对法律研究的要求也越来越高，尤其是在司法实践中，运用逻辑可以有效地降低司法的任意性与偏倚。比如，三段论理论的运用使司法裁判具有了较强的结构化能力，从而可以根据明确的前提进行判断。该评价体系具有一定的客观性，可以降低司法的主观性，增强司法的可预测性。

逻辑学在法律领域得到越来越多运用，特别是在法官进行审判、制定法律时。法学研究与司法实践中除了注重文字本身的含义外，还应注重通过合理的逻辑分析来对法律条款作出合理的阐释。这一转型有利于解决我国现行立法中存在的诸多不明确之处，保证了其在实践中的运用能够顺应时代的发展与伦理的进步。同时，由于其具有逻辑性，法庭裁判的结论更加令人信服，更加合理，也更加易于为社会大众所了解和接受。在法律教学中，逻辑学已逐步被确立为一门基本学科。法学专业的毕业生必须具备一定的逻辑思维能力，才能使其在今后的司法工作中能够更好地进行判断。通过对逻辑的研究，既可以培养学生的理论分析技能，又可以加深其对法律知识体系和运用原理的认识。逻辑学科与法律学科的交叉渗透，是实现法律学科专业化、标准化的重要途径。虽然逻辑学为法学的推论建立了一个严格的理论架构，但它不是一个单纯的逻辑问题，其中还包括了价值与社会的考量。司法实践中，逻辑的运用往往受到社会语境、道德价值以及个体权益等因素的影响。所以，法学研究中，不能只依靠单纯的逻辑推理，而是要根据实际的具体情形作出适当的调节。对于一些较为复杂的案例，法官仍需依赖于自身的经验与判断，特别是在具有一定不确定性的情况下，逻辑的运用还必须与其他的法学原理相互融合，才能确保判决的公平与合理。

四、20 世纪的法律逻辑的现代化思想

（一）逻辑实证主义

20 世纪初期，以卡尔·波普尔和鲁道夫·卡尔纳普为代表人物，以“验证原则”为代表的逻辑实证主义思想应运而生。该原理的根本观点是：一切成立的论点都要经过实证的观测与证实，不能经过实证证明的论点是不科学的。这种思想方法深刻地启发了法学对客观性与可验证性的认识，促进了法学的科学性与严密性。尤其是在法学领域，这使得法学研究者们越来越多地重视法学命题的实证性，同时也越来越重视能够被实践证明的法学命题。逻辑实证论主张，不能将命题建立在哲学假定或抽象的推论之上，而应该建立在可以由实验证实的实际情况之上。这种实证性的观点暗示了，法律逻辑一定要以可证实的事实与资料为基础。“逻辑实证论”主张，法律的正当性不在于一种抽象的伦理或哲学上的考虑，而应该建立在可以被实践证明和测试的属性之上。这一趋势的出现，引起了法理学研究的重大转型，使法理学由纯粹的规范性学说转向以实务与实证为导向的学说。在传统的法学思想中，法律常常被看作是一套抽象的伦理准则，它不能很好地与社会生活实践相联系。在逻辑实证主义的理论架构中，一个法律主张只有通过了实际的证明，方能被认为是有效的。这使法律

的推理更为严格、客观，从而减少了主观因素与不确定性。

逻辑实证论对法学的作用不但表现在法学理论的建构上，而且也对法学实践产生了深远的影响。逻辑实证派尤其重视“验证原则”的运用，他们主张，只有可以通过试验或观测得到的论点，才具有一定的理论价值。所以，要确保法律的有效性与正确性，同样也要由事实与实践加以证实。这种思维导致了在司法实践中，对实证数据、统计资料和田野调查等方法的运用越来越多。比如，法官在作出判断时，除了要依据法规进行解读外，还要综合案情、相关数据和社会环境等因素，使司法裁判的结论与现实更为接近，降低了对法条的教条化理解与滥用。在当今的法治建设中，人们越来越多地依靠经验资料与实证研究来支持其进行推理与判断。在刑事审判过程中，证据与物质资料已是定罪量刑的主要根据，而在司法实践中，通常需要借助真实的资料与证据予以证实。这样的客观、可验证性提高了司法判断的精确性与公正性，同时也可以防止司法制度中的任意与不一致。但是，将逻辑实证论引入法学领域也不是没有争论的。有论者指出，过分依靠实证检验，有失其固有的价值与社会作用。法并不只是一种实证的概括，同时也担负着规范社会行为，维护正义和伦理的作用。简单地把法看成一个经过检验的实证命题，就有可能忽视了其所蕴含的伦理、道德考虑以及社会公正等问题。然而，其对法学理论的影响却是深远的，这使得人们重视法的现实效应与现实意义，对法学的科学发展起到了积极的促进作用。

（二）法律逻辑的符号化

20 世纪以来，数理逻辑得到了迅猛的发展，许多法学研究者试图对法律逻辑进行形式化的分析，并利用数理逻辑对其进行表述。这一进展将法学的理论研究推向了一个崭新的高度，从单纯的语言推理向准确的象征表示转变。法律逻辑的象征意义既是法理学与逻辑学相互融合的产物，也是法理学由传统的规范性系统走向精细化、正规化的一个显著特征。该方法的关键是将法学命题用一种正式的象征体系表示出来，从而使法学的推理更加条理化、系统化。经过象征的法学命题，可以使法学命题的内在结构及其内在的逻辑联系得到更为清晰的展现。象征方式在案例推理、立法程序和法庭复审中得到广泛运用。在案例推演中，象征主义有助于裁判者明确法条的应用，从而减少对法条内涵的误读。借助象征体系，使司法人员能够更加全面地对案例中的事实和法规条款进行逻辑上的剖析，从而保证了逻辑上的合理性与连贯性。象征主义在法律制定的进程中发挥着不可忽视的作用。立法机关可以采用象征模式对法规进行规范，保证法规在内容上具有逻辑上的连贯性与可操作性，并能防止条款中存在的模糊性。对司法审查而言，象征式的逻辑模式有助于审查人更好地判定法律与《宪法》《基本法》相一致，从而判定该行为的合法性。象征式的法律逻辑模式首先被运用于一些具体的研究领域，尤其是在法理学的经验主义学派中。但是，伴随着象征逻辑理论的深入研究，人们也逐渐将其运用到法学的其他方面。在司法实践中，象征逻辑被广泛地运用于案例法、契约法和刑法等领域。在案例分析中，象征逻辑有助于法官根据一组规则或象征，对案件进行分析，从而提高判断的连贯性与可预测性。在契约法中，象征主义可以使契约条款间的逻辑联系更加清晰，也可以减少对条款的理解上的模糊性与不确定性。

虽然象征逻辑可以使法律推断更加精确，但是它也有其自身的缺陷。由于法律自身的复杂与社会属性，其论证既要依靠逻辑法则，又要兼顾社会、道德、政治等诸多要素。尽管象征主义能够提高司法推理逻辑的准确性，但是它不能取代法官对其进行的价值评判以及对其进行的社会态势的分析。由于其在实际应用中具有一定的特殊性，且在各个司法辖区内，其适用范围也不尽相同，这给其推广与使用带来了困难。另外，在司法实务中，由于使用象征手法容易造成司法实务上的技术性偏差，造成司法判决时忽略个案所特有的情绪与社会情境。然而，象征式的法学逻辑却给法学研究带来了新的途径。同时，也使司法系统更加精确，更加具有可验证性，从而促进了司法制度的标准化、科学化。象征主义还可使法律研究与其他学科如数学和计算机科学展开更多的交叉和协作。比如，将象征式的法律推断模式与人工智能相融合，将有助于推进智能化审判体系的建设，提高审判人员的工作效率。由于科技的发展，这种标记方式有其广泛的用途，并将作为一种标准化的法律推断手段而被广泛地使用。

五、后现代法律思潮中的法律逻辑思想

（一）后结构主义与批判性法学

后结构主义和批判性法学给传统的法律逻辑带来了巨大的冲击，尤其是对其所处的语境以及其对法律推论的理解。他们主张，法律语篇是一种动态的、多义的语言，不能离开它的社会历史文化环境而被孤立地加以阐释。这一观点打破了人们对于法律推论的一般性与客观性的固有认识，更加注重主观与客观的关系，并将其视为一组独立于社会实践和历史语境之外的普遍事实，它与具

体的社会、历史背景有着紧密的联系。在以实证论和自然法学为代表的古典法律学说中，法律往往被看作是一种具有普遍性、客观性和在各种情况下的统一的、具有普遍性的法律规范。但是，在后结构派学者看来，这样的"普遍"与"客观"本质上就是在掩饰着法律的多元性与复杂性。他们认为，法的意义并非来自一般的法学理论，而是受到语言、社会交往和历史过程的影响。由于语言自身的模糊性和多种解读的可能性，使得其在实践中存在着歧义，由于其所处的时代和文化环境的不同，其解读与影响也不尽相同。

在后结构学派看来，法律语篇中的语义并非一成不变，它可以随着时间的推移而改变。这一改变并非单纯的辞藻之争，其背后有社会历史背景、文化认知，以及政治势力等诸多原因。任何一种法规的解读与应用都要受制于不断变化的价值观、思想和文化理念。在这样的语境下，对法条的理解与应用必然要受到解释主体的主观意识以及当时所处的大环境的影响。这种观点对传统法学中广泛应用的"客观性假定"构成了质疑，并在此基础上指出了主体与情境在法律推理中的必要性。后结构派和批判法学学派认为，法学不只是一种"普遍真理"的认识，更多地取决于其所处的时代环境与力量之间的联系。所以，在法律论证中，我们要从其所蕴含的权力与思想观念中寻找答案。法并非一种抽象的、具有独立性的制度，它是由各种社会、政治矛盾所决定的。从这个角度来看，法律推论并不只是对法规条款进行的一种合乎逻辑的推论，而且也是一种政治性的行动，它折射出了社会矛盾与价值观之争。比如，在进行审判时，法官除了要根据法律的规定作出判断外，还要将整个社会的价值观念、权力结构，以及特定案例产生的人文、历史环境等因素综合考量。

在不同的社会、文化背景下，法律条款的意义是不尽相同的，其后果也是千差万别的。它对传统法理学关于"普适性"的假定提出了质疑，主张"法律规范的应用并非机械的逻辑推理"，而包含着丰富的政治、历史和文化内涵，应将"话语"及其所蕴含的复杂的社会与文化联系进行综合研究。批判法学对后结构派进行了深入的研究，指出法律不仅是一种正义的、中性的手段，而且在权力和权威的维持和增殖过程中扮演着重要的角色。批判法学认为，法不仅应成为社会矛盾的调解器，还应该揭露隐藏在法背后的阶级、性别和种族等社会不公正现象。批判法学学者们指出，传统的法学理论常常掩饰着制度上的差异，并以其形式推论与权威来加强现存的社会组织架构与权力。批判法学在对传统的法哲学进行质疑的同时，也对司法系统中存在的权力制度进行了揭露和质疑，呼唤着对社会上的弱势人群的权利给予更多的重视。

（二）法律与逻辑的交叉

后现代主义的法理学为法与逻辑之间的联系提供了一个崭新的观点，认为在处理纷繁的法律文件或案例时，不能仅仅依靠既定的逻辑法则，而应该具有灵活性与多样性。因而，后现代法理学倡导一种更为开放、更为包容的法律逻辑，特别是在案例研究与比较研究中，凸显了对法律诠释多元化的重视，并强调法律的历史意义。后现代法理学对于"弹性"的需求，突破了"只有一个正确"的思维模式。传统法理学认为法律规范具有确定性，并且每个规范都应是具体的。但是，在实际生活中，由于司法实践中存在着大量的不确定因素和复杂因素，仅靠单纯的逻辑分析方法很难全面地处理好这类问题。后现代主义的法理学主张，对立法的规定与先例的解读，要充分地反映出当时的社会背景、历史条件和利害关系人的要求。在法学研究中，应该坚持多种阐释模式共存，而不要拘泥于某种既定的理论架构。

在案例法应用方面，后现代主义法学特别注重弹性。判例法是一个通过司法裁判对个案进行判决、推论而逐渐形成的一套法律系统。在这一领域，后现代主义法学认为，司法解释不能单纯依靠形式上的逻辑推论，而是要根据现实生活中的需要以及法规的发展来应对。后现代主义的法理学认为，司法裁判不能简单地套用法条，而是要将司法裁判的主观判断与生活实践结合起来。这与比较法学研究中突出差异与多元化的发展趋向相一致，该研究指出每个国家的司法制度都有着自己特殊的文化和社会环境，所以在对其进行法律解读时要注意其差异。在后现代法理学中，比较研究发挥着重要作用。由于不同的文化、历史和政治环境，各国的法律制度有着很大的差异。所以，在进行司法实践时，不能仅仅依靠某种一般性的逻辑法则来进行判断。比较研究的价值就是要找到各大法治国家的共同之处，同时也要了解其差别，从而实现对司法的有效解读。

法不是静止不动的，而是有其特定的历史时期、社会背景和人文背景的。所以，不可能将法学的论证从这样的社会和历史环境中分离出来。法并不只是一种抽象的、有逻辑的命题，而是与具体的社会组织、权利关系密切相关的产物。所以，在进行法律论证时，既要对其进行严密的逻辑分析，又要综合考虑社会变迁、政治争论和人文理念等多种因素。解释法的人要认识到，法的规定与先例的意义是会随时间而改变的，所以，法的解释不能一成不变。后现代主义法理学的这种思维方式也对我国的法学教学与司法实务产生了影响。在法学教学中，人们往往把注意力集中在规范的论证方式与规律上，而忽略了法学的多元性与复杂性。后现代主义的法理学认为，法学教学应该提倡对法律的多元诠释，同时发展学生的跨文化理解力。司法实践中，法官要善于处理各种疑难问题，并能根据具体情况，灵活使用各种论证方式，而非单纯依靠某一既定的逻辑结构。

第三节 现代法律逻辑学的兴起

现代法律逻辑学的兴起，是对传统法律推理方法的反思和创新，它将数理逻辑、语言学、认知科学等领域的理论和方法引入到法律学科，推动了法律推理的形式化和科学化进程。

一、逻辑实证主义对法律逻辑的影响

逻辑实证主义是一种现代哲学潮流，它深刻地影响着法学逻辑的发展。逻辑实证主义注重实验证明与科学性，坚持一切有价值的命题均可由实验或逻辑加以证实。受此观念的影响，法学被视为一种规范体系，其推论必须以严密的逻辑为依据。特别是在对法规的具体应用中，运用“逻辑”的方式，从而避免了“模糊”与“歧义”。受此趋势的冲击，法学研究者开始重视法学推论的规范化，并认为法学研究应该像自然科学那样，以公理化的方法来进行系统的演绎。对法学命题的论证，已从单纯依靠语言的直觉解读，转向借助象征与逻辑结构的系统论证①。这样一种形式上的法律推论，为日后法学逻辑的发展打下了基石。

二、数理逻辑与计算机科学的结合

计算机技术尤其是人工智能技术的飞速发展，为司法机关进行司法推断提供了强有力的手段。借助象征与运算模式，可以对法律的命题进行更为准确的表述，并对其进行推理。人工智能引入了“专家系统”“推理机”等概念，将法学理论推向一个全新的高度。该方法通过将司法裁判中的裁判原则与案例转换

① 王洪.法律逻辑学[M].北京：中国政法大学出版社，2013.

成电脑可以理解的格式，使其在审判中模仿法官的判断，进而提高审判的有效性与连贯性。这种方法的发展，推动了法学推论的自动化、智能化，从而使法学的研究不再局限于理论，而更多地运用于实际。

三、法律语言学的发展

作为近代法学逻辑的一个主要研究领域，法律语言学主要研究的是法学语言的结构、语义及其运用。法律语言学的出现，标志着法学逻辑由单纯的形式推理向多领域综合发展。其从语义学、句法学和语用学的角度出发，分析了法律条文的多义性和模糊性，以及在各种情况下的释义问题。当代法律语言学把法律语篇看作是一种象征体系，而非单纯的指令或法则。在对法律文本进行解读时，常常要运用语言学的分析手段对其进行解读。法律语言学为法学研究开辟了一条更为严谨、更为系统化的研究思路，它不仅是一种单纯的象征或数理推论，而且能够体现出司法实践中语言的复杂多样。

四、批判性法学与法律逻辑的融合

批判性法学也促进了近代法逻辑的崛起。批判性法学主张，法并不只是一组中性的法则，而是受到社会、政治、经济等多种因素的共同作用。笔者认为，司法实践中，法律的推理不能仅仅建立在形式上，而应该将社会不平等性、权力结构，以及文化的差异加以综合考量。批判性法学提倡，法律的逻辑不仅要注重对规范的严密应用，而且要对其所处的时代语境以及其所代表的政治目的进行研究。在这样的背景下，当代的法律逻辑学逐渐融合了社会学、历史学和哲学的理念，使法学的论证过程具有综合性和灵活性，以适应社会正义的需要。批判性法学对社会与文化的研究具有一定的启迪作用。

五、法律逻辑学的跨学科发展

当代法律逻辑学的一个突出特征就是多学科交叉发展。这种交叉学科的研究方式，可以使法学推理变得更加综合和丰富，并且可以适用于更加复杂的实践问题。例如，从认知学的角度研究司法裁判的思维特征与认知偏差，有助于提高司法裁判的效率。同时，心理学、社会学等学科的研究成果也有助于我们认识到人类情感、社会价值观以及社会偏好对法律逻辑的作用，从而促进法学逻辑向更为完善和人道的方向发展。

六、法律逻辑学与司法实践的结合

近代法律逻辑学的出现，不但在学术上象征法学取得了重大的进展，而且在司法实务中发挥着重要的作用。法律逻辑学是一门科学，它能帮助法官、律师等法律从业者在案件中以准确的推理方式进行法律推断。在司法审查、案例分析、庭审辩论等领域，运用法律逻辑学的理论与方法，可以为司法裁判提供一个基本的理论基础。近代法律逻辑学理论也为法学教学与训练带来了新的途径。通过对法学专业人才的训练，使其具有较强的逻辑分析技能和推理技能，从而使其能够更好地解决疑难问题。同时，由于科技的进步，将使法律逻辑学理论更深入地运用到审判活动中，从而促进智慧司法体系的构建。

第四节　法律逻辑与法理学的关系

法律逻辑与法理学是法学领域中的两个核心组成部分。尽管两者关注的内容有所不同，法律逻辑更多关注推理和思维规则的形式化，而法理学则更侧重于法律的基本原则和理论探讨，但它们在法律研究和实践中是紧密相连的。法律逻辑为法理学提供了科学的推理工具，而法理学为法律逻辑提供了理论的支持和方法论的指导。

一、法律逻辑与法理学的理论基础互补

（一）法理学的哲学性基础与法律逻辑的形式化工具

法理学是研究法律哲学问题的一门学科，主要研究法律的性质、渊源、作用以及法律的正当性等基本问题。法理学对法的规范系统进行了价值评判与观念指导，通过对正义、公平、权利、自由等概念的探讨，有助于我们更好地把握法的终极目的与含义。然而，尽管其本质上是一种抽象的概念，但是它却可以通

过严密的演绎程序，在法学的逻辑结构中得到体现与运用。而法律逻辑是一种以数学逻辑和符号逻辑为基础的形式推理方式，它注重逻辑的标准化与连贯性。法理学是一种对法律理论进行价值评判的方法，是把法律理论中一些抽象的观念转变成法律分析过程的一个重要环节。法理学为法学的发展奠定了坚实的基础，而法学的逻辑又为法理学的发展奠定了坚实的基础，使法理学具备一定的逻辑连贯性。

（二）法理学的规范性与法律逻辑的推理规则

法理学是一种注重法律的普遍性、合理性和公正性的规范科学，主要论述了怎样用法制的规律和原理对人们的行为进行调节，从而建立起一种和谐的社会秩序。从法理学角度看，以公正、权利和自由为核心的法治观念是法治的基本准则，但这种原则却很难被具体地运用于具体案件之中。对此，法律逻辑为法学理论的适用提供了一个明确的理论架构。司法实践中，法官与律师必须依据法规的规定与原理来进行论证，而司法逻辑为其规定了清晰的论证过程与方式，从而使抽象的法学原理得以实现。通过运用法律逻辑的方法，可以将合理的和非合理的推论区别开来，从而保证了法学中的规范原理能够为法官的判决提供依据。

（三）法理学的理论指导与法律逻辑的推理应用

法理学的主要使命就是为法学系统的建立提供理论依据与观念指引，从而为法律实践操作指明道路。通过对不同法律制度、不同文化背景下所蕴含的基本价值观进行剖析，发现法律所具有的社会作用与伦理意蕴。法理学的研究焦点在于对规则普遍性、合理性及其适用领域的认识。而法学的使命就是把法理学中的抽象原理转化为实践中的推理，即从特定的法条、案例中得出相应的结论。法律逻辑为法学理论在司法活动中正确、高效地运用提供了支持，也为法学研究的发展指明了方向。法理学为法学的发展提供了基本的理论架构与价值导向，而法律逻辑为将法学理念通过明晰的演绎程序转化为具体的司法裁判活动提供了方法和路径。

（四）法理学的社会性视角与法律逻辑的逻辑性视角

法理学是一门以社会为中心的学科，主要研究法如何与社会发展和变革相融合，并对社会发展和变革作出相应反应。主要探讨社会价值观念与法的内在联系，探究法怎样体现社会公正，以及在特定情况下，如何保障个人的权利和自由。与之不同的是，法律逻辑更侧重于其形式与逻辑构造，凭借严谨的推论法则确保法律体系的连贯性与精确性。法律逻辑虽然看似与法的社会职能没有直接关联，但却为法学领域中社会价值的实现提供了基本的理论支撑。通过对法律原理的分析，将其转化为具体的司法裁判依据，从而克服司法实践中的随意性与不确定性。所以，法理学与法律逻辑的互补关系，既体现为理论联系实际，又表现为两种理念的互补：前者侧重于法学的社会属性与价值属性，后者凭借其形式演绎程序保障法律在具体案件中的严格适用。二者相互促进，推动着法学理论和实务不断向纵深发展。

二、法律逻辑推动法理学的系统化

（一）法理学理论的形式化和规范化

法理学历来依赖经验与直观，在探讨诸如正义与公平这类重要理念时，更多侧重于哲学与社会两个维度。然而，基于此展开的讨论常常会引发一些概念混淆或理解歧义。法律逻辑的引入，尤其是数学与符号逻辑的运用，为法理学研究的发展奠定了坚实基础。在法理学领域，引入清晰的逻辑推理规则，能够使法的定义更加精确。例如，把公正、公平等较为抽象的概念借助逻辑表达式或模式予以形式化，如此便能消除传统法理学中的模糊性与歧义性，让法理学的体系架构更加清晰、更具可操作性。

（二）法理学中法律原则和价值的精确解析

传统的法理学理论在探讨法的原理与价值时，多注重伦理与社会因素，却缺少对其在实践中运用的系统性、精细化剖析。运用法学逻辑，尤其是借助严谨的论证程序，能够使法理学原理与价值得到更为系统的归类与分析。例如，法学逻辑能让法理学研究者对“权利”和“义务”这两个概念进行详细划分，从而清晰地确定它们在具体法律环境中的应用方式。这样的理论支撑，有助于法理学在不断发展的社会环境下构建不断更新和完善的理论体系，以适应新情况。

（三）法理学的内在逻辑一致性和推理规范

法理学的内部一致性向来是法学研究的重点。然而，由于法理学所处的社会环境复杂多样，导致不同学说之间相互冲突。法律逻辑为法理学研究提供了评价和校正各种学说冲突的途径。例如，通过逻辑推断，能够发现各种法理学学说之间的内在矛盾，促使法理学研究者在构建法律体系时，注重其内在逻辑一致性，从而避免出现逻辑冲突和谬误。法理学借助法律逻辑，对法学的各种学说进行深入剖析与论证，得以更系统地剔除可能存在的矛盾，进而构建出一套较为严谨的理论体系。这一体系的建立，不仅提升了法理学的学术地位，还使法理学在实际应用中更为坚实可靠。

（四）法理学中的概念解构与法律推理的清晰性

在法理学中，“自由”“权利”“责任”等诸多概念由于所处时代及语境的不同，往往存在不同的理解与运用方式。从法理学角度而言，其更多侧重于对这些概念进行哲学层面的剖析，因而容易陷入抽象、含混不清的探讨。法理学领域相关观念可借助法律逻辑从单纯的抽象探讨转变为以清晰的推论与规则为基础的实体。这一转变不仅提升了法学理论的清晰度与实践价值，还使法学在面对日益复杂多变的现实情况与实际问题时具备更强的适应性，从而推动法学朝着系统性、科学性方向发展。

三、法律逻辑为法理学提供推理方法

（一）法律逻辑将抽象法理学理论转化为具体应用

法理学是一门综合性很强的学科，其研究重点在于法学的基本原理、观念和价值。然而，因其内容较为抽象，难以直接应用于具体案例。在现实生活中，人们常常需要运用法律思维来解决各类问题，尤其是在调和不同社会价值观以及处理各种利益矛盾时。将法学理论中的概念由抽象观念转化为可操作的规范，这是对法学理论的一种新认知。这种演绎方式有助于法官、律师等法律从业者把法哲学中的正义、公平、自由等概念转化为理性的裁判依据。以个案为例，法理学中的“正义”概念能够通过法律逻辑的推论方式得到准确阐释与运用，从而确保司法原则并非仅仅是理想且抽象的观念，而是具有切实的现实意义。法律逻辑将抽象的学说转化为具体形式，为法学的实际运作提供了可行途径。

（二）法律逻辑确保法律推理的严谨性和一致性

法律逻辑为法学理论的发展奠定了坚实基础，它确保了在同一类案例中，类似问题的演绎过程具有统一性与标准。司法实践中，运用严谨的推理规则，能够有效排除人的主观因素干扰，进而实现司法裁判的公平与一致性。法理学中的公正原则，通常需要置于各种司法体系中进行考量，而法律逻辑正是借助符号化与形式化的演绎方式来保障正义标准的统一。从法律视角出发，通过对案件事实、法律条文以及社会价值进行严密论证，为法律原理的正确运用提供了保障。

（三）法律逻辑帮助评估不同情境下的法律适用

在各类情形下，法律逻辑为法学理论的应用提供了一种推断手段。法理学中的“正义”等基本原理虽具有普遍适用性，然而在具体个案中却难以直接应用。司法实践中，法律逻辑作为一种科学的思维方式，能够助力司法人员在具体案件中判断何种因素最为关键且最为适宜。借助这种推论模式，法官得以在具体个案中评估公正与效率、自由与权利之间的关系，进而保障判决的合理性。例如，当“公平”与“效率”出现矛盾时，法律逻辑可用于阐明何者更为重要，使判决结论更为明晰。以此为依托，能够确保法学原理在司法实务中得以灵活、合理地运用。

（四）法律逻辑为法理学提供反思和修正的机制

法律逻辑既是法理学研究中的一种思维方式，也是对法理学理论进行思考与修正的重要手段。它能够基于对案件事实的分析，对案件中的事实作出合理且合乎逻辑的推断。在法理学的发展进程中，法律逻辑有助于发现法理学理论存在的缺陷或矛盾，进而推动法理学的发展。通过分析不难发现，司法实践中，传统的法理学视角难以对现实中涌现的新问题作出合理的解释，而运用法律逻辑严谨的论证方法，则能够很好地弥补上述不足，促进法理学的发展与更新。法律逻辑与法理学理论相互影响、相互促进，共同推动了法学理论的发展与演进。

四、法理学指导法律逻辑的应用

（一）法理学为法律逻辑提供道德和法律框架

在司法活动中，法律逻辑的作用在于保证裁判的规范性与连贯性。然而，面对社会价值观念、伦理判断以及法理规则等方面的复杂情况，法律逻辑自身也存在难以应对之处。在现实生活里，尤其是当涉及公民基本权利、宪法原则和伦理等问题时，单纯依靠逻辑推理确实无法给出恰当的答案。在这种情形下，基础的法理学思想便发挥着关键作用。法理学为法学领域中诸如权利、责任、自由、正义等一些重要理念提供了明确的界定与指引。它所关注的不仅是法条的具体运用，更涵盖了法条背后所蕴含的社会价值观与伦理观念。在法理学理论的指引下合理运用法律逻辑，能够使其在司法实践中既体现出法的社会价值与伦理需求，又能避免在适用过程中出现机械、僵硬的倾向。

（二）法理学帮助评估法律逻辑推理的合理性和合规性

虽然法律逻辑为司法实务提供了明确的推论架构，但是对于一些案例，特别是对于一些比较复杂的案例，其结论的合理性和能否满足社会的公平与正义等基本准则，都有待于法学理论的深入研究。比如，在裁决有关宪政或根本人权的案例时，法理学赋予了法官对法学原理的深入了解，从而可以判定推论的结论与公认的司法准则是否相一致。法理学也有助于司法人员从更宽广的角度来考察案例，并对其与时代发展的要求进行比较。比如，在司法实践中，尽管法律逻辑可以为司法实践提供清晰的论证路径，但是，司法裁判所得出的结论能否符合长期的社会发展的要求，以及调和个人权益与公益之间的关系，都要靠法理学来支撑，才能在具体案例中恰当地运用。

（三）法理学与判例法中的法律逻辑相结合

在判例法的演进中，通过对判例的剖析与演绎，使法官能够依据先前的裁判结果，对新的案例进行指引。但是，单凭法律逻辑去解释判例，并不能很好地处理案件中的道德伦理和社会价值等问题。在此情形下，法理学为司法实践提出了一个评判准则，有助于司法人员在适用判例时对其进行恰当的价值评判并对其所处的语境进行分析。法理学中关于公正和权利的定义，对司法实践中的司法推理具有重要的借鉴意义。法理学的原理使法官在审理与前例不符的新案例时，可以考虑对现行判例进行诠释与应用，而又能保证裁决的结论与社会伦理及司法需求相符。这样，在遵守一定规律的前提下，可以对各种复杂的社会问题进行灵活应对。

（四）法理学防止法律逻辑的机械化应用

虽然法律逻辑是一种科学的推论手段，但是，若仅仅依靠法律逻辑进行推论，而不考虑个案的特殊性、社会情境以及伦理价值观等因素，就容易导致司法实践的机械运用，进而忽视司法的人文关怀与公平性。在此，法理学发挥着重要的调控作用，能防止法律逻辑僵化地适用于规范。法官在进行判断时，不但要关注文字的字面意义，而且要留意文字与当时的时代变迁及伦理观念的关系。在解决一些特定问题时，法理学有助于司法机关运用法学方法，更好地把握案例中的具体情况，从而确保裁判结论既符合法律规定，又能体现整个社会的公平与正义。法理学所蕴含的价值理念，可使法理学的思维方式在现实生活中得以应用，而不是仅仅进行简单机械的思维活动。在法理学理论的指引下，法律逻辑能够依据严谨的规范，将社会的价值观与伦理评判有机融合，作出更加公正合理的裁判。二者的有机统一，为司法实务中的司法判断体系提供了一个更为完备、更为完善的系统。

五、法律逻辑与法理学在法律教育中的互补

（一）法律逻辑提供推理技术，法理学提供理论基础

法律逻辑与法理学的有机融合，有助于学生构建全面的法学思想体系。法律逻辑旨在训练学生的逻辑思维能力，使其能够运用逻辑方法对案例进行分析，掌握法条及案例的应用规律。通过对法律逻辑的研究，同学们在面对法学问题时，能够形成有条理、成系统的思维方式，并确保思维的正确性与一致性。而对法理学的学习亦有助于学生理解法学所蕴含的哲理与原理。法理学以法律的性质、目的和价值为研究对象，引导学生对法律的合理性及其在社会中的重要性展开深刻探讨，从而让学生认识到，法律并非仅仅是形式规则的组合，还与社会、伦理、道德存在紧密联系。法理学深厚的理论基础，为学生进行法律论证提供了一定的理论支撑，以帮助其进行价值判断和评价。

（二）法理学帮助评估法律推理的价值判断

在具体的审判活动中，法律逻辑对大学生思维方法的训练起着重要作用，而法理学则为法律思维的发展奠定了基础。在司法实践中，对于一些疑难案件的裁判，即便法官思维清晰，也可能面临道德与社会因素的冲突。法理学通过对正义、公正、权利、自由等基本概念的剖析，能帮助学生更好地作出价值判断。在涉及宪法问题、公民基本权利等司法案件时，法律教育工作者可运用法理学的分析的方法，让学生了解案件所涉及的法律原则和社会背景，进而评判不同

推理的价值与合理性。通过学习这门课程，学生能够认识到，法律推理并非单纯的逻辑构造，其蕴含的价值更在于对正义等价值的追求。

（三）法律逻辑提升学生的实际操作能力

法律教育工作者在教授法律逻辑时应特别注重对实践技能的培养，让学生在分析案件、理解和判定法律问题时，能够更好地运用逻辑手段。通过法律逻辑思维的训练，同学们能够掌握清晰的思考方法，并将其运用于解决疑难案件中的复杂问题。如此一来，同学们既能够明确法律条款的文字含义，又能通过逻辑推导，明晰在各种情形下该条款的具体运用方式。法学教学中的实践环节，并非仅仅是对法条进行简单分析，更需要深入探究法条所蕴含的法律思想。法理学作为法学的基石，为同学们提供了深入剖析的视角，有助于同学们理解法条背后的学理内涵，以及其在社会中所发挥的作用。将法律逻辑与法理学相融合，能使同学们在司法实务中不仅能够运用理性思维准确剖析个案，还能从社会和道德的角度，对判决结果的影响进行深入思考与评估。

（四）法律逻辑与法理学培养综合分析能力

将法律逻辑和法理学有机融合，有利于提升法学人才的综合分析能力。法律逻辑旨在培养学生以严谨的思维方式进行理性思考，使其能够在个案中明确法律事实、规则与法律结果之间的内在联系。法理学则通过对法学基本价值取向、社会语境以及伦理意蕴的阐释，引导学生在运用法学知识时兼顾社会实用性与伦理合理性。如此一来，同学们不仅能够掌握并熟练运用法律推理技巧，还能锻炼批判性思维能力，从而在实际操作中评估法规条款及法律推理的合理性，避免在法律适用过程中出现价值偏离。二者的有机融合，既能助力法官作出合理的裁判，又能确保裁判结果与社会公正的社会主义核心价值观相符。这在法学教育中，对于法学专业知识的学习具有重要的指导意义。

第二章 西方法律逻辑论证

法律逻辑论证作为法律推理的重要工具，强调通过严密的逻辑结构分析案件，确保判决的一致性和合理性。它结合了形式逻辑与法律原则，力求在法律推理中做到清晰、准确，避免逻辑漏洞和不当推断。这一方法在判决中应用广泛，特别是在处理复杂案件时，通过系统化的推理步骤，帮助法官和律师有效地评估不同情境下的法律适用，确保法律的公正性和稳定性。

第一节　西方法律思维的基础

西方法律思维的基础根植于理性主义与法治理念，强调通过逻辑推理和法律规范来解决争议。它源于古希腊哲学，特别是亚里士多德的逻辑学和“自然法”思想，并在近代法学中发展为形式化的法律体系。西方法律思维追求公正与秩序，注重法律规则的普适性与稳定性。通过运用严谨的逻辑分析，法律思维确保了判决的一致性与公正，反映了法律的理性化与规范化特点。

一、理性主义思维

以理性主义为核心的西方法学思想，主张运用理性分析和逻辑方法来处理法律问题。这种思维模式要求法官、律师等法律从业者在处理个案时，不能依赖个人情感、直觉或外界因素，而应依据明晰的逻辑规则和公认的法律准则。唯理论作为其理论基础为保证司法裁判的客观性和统一性奠定了基本的理论基石。在秉持“唯理论”的西方法学思想中，司法实践中的问题通常需要借助严密的推理和分析，以确保结论的合理性和连贯性。对于每个法律问题都要从不同角度进行剖析，运用法律条文、判例以及法律原则来推动判决。这种逻辑既不取决于个人情感，也不取决于任何一方的利益诉求，它是建立在正义与理性基础之上的平等观念。西方法学思想中的唯理观念要求既要依据个案的具体情况，又要综合运用一般性的法学原理，从而作出既符合逻辑又符合法理的判决。从笛卡尔和康德这两位代表人物的思想中可以看出，理性主义的法学思想源于启蒙时期的理性主义哲学①。笛卡尔的怀疑论和唯理论旨在从理性思维中探寻可靠的认识依据，而康德在此基础上进一步将其发展成为一种基于普遍性和理性的推理方法。这些理性主义的法学思想是现代法治理念的重要组成部分，也是现代法学研究的重要内容之一。唯理论将推理过程规范化，排除了主观因素和情感因素的干扰，实现了法律推理的系统化和规范化。

在对个案进行判断时，往往需要依据法律规定和相关判例作出合理判断，

① 陈于后. 法律逻辑学[M]. 成都：电子科技大学出版社，2002.

并努力在法律与事实之间寻求恰当的平衡。法条与判例是司法机关进行司法推理的基础，并且基于这些基础作出的判断需要经过严格的逻辑推导。唯理论确保了判决的稳定性与可预见性，能够避免法官的任意裁量以及个人情绪的干扰。基于此，笔者认为，在司法实践中，法院应当以合理、公正的方式处理案件，而不能仅凭一己之私作出判决。唯理论在法律工作中扮演着至关重要的角色。律师在为案件辩护时，不能仅仅依赖感性认知，而要依据案件实际情况，结合相关法律法规，运用合理的逻辑推理得出具有说服力的观点。法律顾问的职责是为委托人提供法律建议，通过严谨的法律推理，协助法庭准确把握案情，正确适用法律条文，从而推动公正的司法裁判。为了确保诉讼程序既符合实际情况又符合逻辑，唯理论成为法律推理的主导理念。法治思想中的理性观念还体现为对法律的系统化、普遍化的要求。西方法学思想主张，所有的司法推理与判断都必须遵循一定的逻辑规则。这意味着在具体个案中，既要有统一的规定，也要有统一的判断标准。唯理论认为，司法推理的过程并非仅仅是对个案的简单回应，而是构建一种普遍适用的体系，该体系能够在各种情形下得出统一且可预见的结论。它既是国家的法令，也是具有普遍性的准则，规定了每一位国民和法官在面对法律问题时，都必须依据同样的合理准则进行论证。理性主义推动了法治的发展，它以非个人意志为基础，以大众认可的理性规范为依据。法律思想的理性化，使其具备了客观性和可操作性，从而助力法治的实现。

然而，唯理论也面临着一定的挑战，尤其是在处理诸多复杂的社会问题时。尽管唯理论强调逻辑与正义，但在某些情况下，由于涉及深层次的伦理和社会价值观，仅依靠理性思考往往难以应对。例如，当一个案件涉及人权、平等、自由等问题时，通常并非只是简单的逻辑推理，而是需要在合理范围内进行价值评判。因此，唯理论并非排斥伦理和社会价值，而是需要在司法实践中合理权衡各种价值取向和社会利益，以确保判决的公平与公正。

二、自然法思维

“自然法”思想把“法”看作一种基于社会惯例的行动准则，它应该体现出一种超出特定的社会与文化环境的一般的“道德准则”。法被看作是内在的，是自然的法则，是独立于某一具体的社会而存在的。自然法学说认为，法律的合法性来自它与那些被人们公认为合乎自然规律的道德准则相一致。“自然法”思想的中心观点之一是，“法”应该遵循一种不依赖于社会惯例和立法机构所规定的一般伦理准则。在自然法学说中，正义与自由并非由社会习俗或历史演进所决定，它们源自人的理智与自然法则。这种“自然法”思想在古希腊的哲学中得到充分体现，特别是在亚里士多德的伦理思想中，法应当体现自然规律，体现人的行动的伦理目的。尽管这种理念在希腊时代还没有形成完备的法律学说，但却为后世的“自然法学”打下了坚实的基石。罗马法和基督教法理学都继承了自然法的学说，尤其是圣奥古斯丁(Augustine)、托马斯·阿奎那(Thomas Aquinas)等人更是将自然法则视为神的一种表现形式，并且认为一切人间法都应该遵循这种“自然法”。

自然法的学说在启蒙运动时期得以深入发展。约翰·洛克(John Locke)、让-雅克·卢梭(Jean-Jacques Rousseau)等启蒙运动的思想家都对“天赋人权”这一观念进行了重点阐述。洛克在其《政府论》中指出，人生来就有生存、自由和财产等天然的权利，这种权利不依赖任何社会契约，它是人的内在权利，也是人的本性。卢梭更是在此基础上，主张人类的自由必须以“法律的公平”为前提，其基本原理就是“自然法学”。它对近代以来提倡的正义、自由、平等进行了有益的探索。在西方法学思想中，“自然法学”所蕴含的公正理念是一种特殊的存在。在传统的经验主义法理中，法被看作是政府所规定的一种行动准则，但自然法却认为，只要与一般的伦理准则相一致，法就具有正当性和正义性。“自然法学”主张，国家法律的制定不能只依赖立法机构，而应该体现人性的伦理需求，特别是与人权、自由、平等有关的重要议题。近代很多国家和地区的法律规定，都是建立在“自然法学”的基础上。近代以来，以“不得转让之基本权利”为核心的自然法则，强调人的自由与尊严。

“自然法”思想也深刻地影响着西方法学思想中关于人与人关系的观念。在“自然法学”的理论基础上，个体的自由与权利不是来自国家或集体的馈赠，而更多的是个体基于“理性”而拥有的内在权利。这种观念在近代以来一直受到人们的普遍认可，特别是在启蒙运动时期，思想家们更是将个人权利的神圣地位确立为一种基本的社会基础。洛克的“自然权利”学说认为，国家是用来保护人的天然权益的，违反这种人权即属违法行为。它深刻地影响着近代法治的发展。同时，随着当代世界朝着日益多样化、复杂化发展，“自然法”思想的普遍性和客观性遭到了挑战。“自然法”中的伦理准则太过抽象，可操作性不够，“自然法”也很难得到一般人的认可，特别是各国对于“自然”的认识因民族、历史的不同而有很大的差别。还有人认为，自然法学是一种理想的法学，它忽略了法律与政治现实之间的区别。但是，“自然法”思想在现代法学、人权法学和国际法学中占有十分重要的位置。

三、规范化思维

现代法学思想的一个主要特点就是注重规则的系统性、清晰性和连贯性。现代法学的发展，使法学系统日趋复杂，对规范的思考提出了更高的要求。这种思想主张，法律并非只有一套单独的规定，它具有严格的内部逻辑与组织。每个条款都有其特定的逻辑意义与应用领域，在进行法律推论时，必须遵循清晰、规范的步骤。这样的思路，既保证了制度的可预见性与稳定性，又能避免任意、不确定、不一致等可能带来的风险。规范的思想需要清晰地定义并严谨地适用法律规范。这就要求每个条款都要有明确的界定，并在多种情况下适用，不至于由于理解上的模糊而产生分歧。比如，我国现行《刑法》中对“故意”和“过失”界限的明确界定、《民法典》中对“契约”概念的明确规定等，都是为了保证“法”的统一，而将“法”的概念规范化的体现。这样，就可以使司法推断更为系统化，具有较强的预见性，从而降低了由于个案中法官与律师对个案的不同认识而造成的判决分歧。司法推理不能仅仅依靠感情或个人经历，它必须经过严密的逻辑过程才能得到结果。此类推断一般有一定的规律可循，例如演绎法、归纳法等。演绎推理是指由普遍的法则推导出对某一案例的判断；归纳推理则是通过对众多相似案例的剖析，总结出普遍适用的规律。规范化思维不但可以为特定问题提出解决办法，而且可以适用于各种情况下的同一推论准则，以保证司法解释的连贯性。

同时，规范思想也促进了法理学在法律研究中朝着严谨和精细的方向发展。以往的司法实践中，由于受法官个人主观评判以及风俗习惯的影响，具有很大的不确定性与弹性。而规范思想的提出，使法学界更多地关注对法律体系的理论剖析，探究其内部关系及规范间的层级关系。规范思想意味着，法理学的研究不应只局限于个案的阐释，而应注重法律整体的逻辑结构与内部的连贯性。对法律制度进行修正或发展时，必须站在总体架构的高度，以保证新增加的法规与现行的法规制度具有高度的相容性，并在一定程度上保证其在适用上的合理性。规范思想对于提高法学的可预见性和稳定性具有重大意义。司法实践中，规范思想有助于法官、律师和立法机构正确地认识和贯彻各项法规。明晰的逻辑架构，既可降低法官判决的任意性和不确定性，也可让民众了解法律并对法律有所期待。比如，为了保证税收征管的公正与稳定，税收制度往往需要在特定的结构与流程下进行。在此制度中，税务机关和纳税人均可根据相同的法定准则采取行动，以防止由于法令不明或适用上的不统一所引起的纠纷与冲突。

尽管规范思想有助于完善法学的体系并提高其稳定性，但有时也会遭到批判。有时，人们会觉得规范的法律推论太过呆板，缺少对案件具体情形的适应性。比如，当遇到某些复杂的社会问题或者某些疑难问题时，仅仅依靠形式上的推论往往不能很好地考虑个案所处的特定情境以及其所产生的社会效应。立法的僵化可能导致法律规定无法及时适应社会发展的变化，从而造成与社会道德、社会期望不符的后果。例如，如果对一些法规作出过于严格的规定，就可能导致不公正的判决，尤其是这些法规没有全面地顾及各种社会因素和各种复杂的情形时。但是，将规范思想运用到现代法学中，仍然是一件非常有价值的事情。这一原则保证了司法的连贯性与公平性，也是司法体系运行的基石。它既反映在法规的规定中，也反映在司法的解释与裁判中。通过对法律规范的严密界定与合理的逻辑推理，使其在审判过程中不依赖主观的判断，而以确定的规范来作出判决。通过这样一种制度化的论证，不但提高了法制的透明性，而且增加了人们对法治的信赖与认可。

四、逻辑推理思维

逻辑推理是现代法学思想的一个重要组成部分，其在司法实务中的作用不可低估。司法机关借助逻辑对司法案件进行审判，对司法实践起着重要的作用。在司法实践中，不管是对案件的裁决，还是对法律条文的解释，都离不开逻辑的论证。司法推理既要得到司法结论，又要对司法程序进行严格的检查，以保证每个判决都能符合适当的司法规范。从法律条文、判例和法律原理出发，得出法律推论的关键是法律逻辑。法官可以根据现有的法律规定，对所应用的法律原理进行逻辑推理，从而得出判决的结论。这种推理是建立在严格的逻辑基础上的，比如演绎、归纳和类推。通过推演，可以使法官根据一般的法律规定，得出对某一案例的特殊判断；而在同类案例中，运用归纳的方法，可以使司法人员对相似的案例进行归纳、概括，从而得到具有普适性的法律原理；类推适用于司法实践中，对于一些没有具体条文的情况，可以参照同类判例，寻找司法救济的可行途径。通过合理的逻辑推导，保证了在司法实践中的统一，从而保证了司法裁判的合法性。

法官的判决并非简单机械地贯彻法律规定，而是要恰当地运用法律的价值与原理。通过对案件事实的分析,可以有效地防止法官的任意判断与主观性,从而保证其判决结果在整个案件的每个环节都受到严格的检验。比如,对于一个具体的案例,就需要通过对证据的分析和对罪行的推断,来判断有没有犯罪,并应对其承担何种责任。逻辑推理保证了对各种证据的处理符合法定的规范,排除感情因素、偏见因素和外界因素的干扰,保证了判断的公正。司法实践中,逻辑推理为司法实践提供了保障。法既反映了社会的正义,又是其自身基本价值和社会道德文化价值的体现。所以,在进行司法裁判时,必须结合个案的现实情况,而不是纯粹的形式推理。司法实践中,法院可以依据个案的不同情况,对相关的法律规范进行适当地运用,以保证所作出的裁决既合乎法规,又能满足民众的理性期待。比如,有些案例中,尽管法规中有具体的处罚措施,但为了保证裁决的合理,法官可以根据个案的具体情形,根据个案的具体情况,作出与一般规则相异的裁决。在法治国家里,法官的决定应当是透明的、可预测的,只有这样,法制的公平与权威才能得到大众的信赖。通过严密的逻辑分析,司法裁判可以清楚地展示每个裁判的根据,从而让人们了解为什么某个案例会做出这样的决定。比如,在裁判文书中,一般都是将可应用的法条逐一列举出来,并将其与案情相联系,层层论证。这种推论的程序,不但有助于有关各方了解判决的根据,而且使公民对判决有信心。每个推论的进程与结果,都是以公认的法则与逻辑为基础,因此,加强了法律的可信度。

五、法律与道德的交融思维

人与人之间的关系是一种非常复杂的关系。在"自然法"理论中,法并不只是一种"政府意志"或"习俗"的具体表现,更应该建立在共同的"道德准则"之上,并在此基础上表现出一定的社会道德价值观。这样一种思考模式就意味着在对法律进行解释与应用时,必须将道德评判与伦理准则纳入考量,尤其在涉及基本权利、宪法问题、刑事案件等重要的法律问题时,不能只依靠条款和形式上的规定,还必须与道德理性相融合,才能保证法的正当与合理。人类社会各个时期的法治建设,无不受到伦理观念的深刻影响。法律规范不仅要表现为民族的意愿,而且要遵循人们所公认的自由、正义、平等等伦理准则。

在判决个案时,既要依据法条,又要考虑当时的社会环境、伦理价值、伦理准则等因素,作出正确的裁判。比如,对于死刑,各国或地区根据各自的立法规定做出了不尽相同的判决,但是在判决的背后,却常常蕴含着人们对道德与伦理的反思。在法治思想方面，特别是在基本人权、两性平等、儿童保护等方面，很多问题都是出于伦理与法治之间的矛盾。举个例子，对于同性恋结婚是否合法的辩论，赞成的人主张它与公平与自由的道义相一致，反对的人却从传统的家族伦理与宗教观念上予以驳斥。司法实践中，司法解释既要兼顾法规规定，又要兼顾社会伦理，最后才能作出符合道德根据的判决。另外，法与德相融的思想也在宪法性研究中得到了充分体现。宪法既是一种最基本的法律制度，又是一种伦理价值的反映。对宪法的解读和应用往往涉及对公民的基本人权的保护。例如，美国的宪法对于“平等保护”的诠释，除了依据法规的规定之外，更多地将其与社会公正的伦理评判相融合。为了保证公民的公平权益，法官通常要对公民的道德认识和价值取向进行全面的剖析，以保证公民的基本人权和权利。这样，既保证了宪法作为一项至高无上的法律规范，又具有某种意义上的保护作用，从而保证了法与社会伦理的和谐统一。

在刑法中，“法”与“德”相结合的思想尤其突出。刑事司法不仅是一种刑罚体系，更蕴含着深厚的伦理意义，尤其是犯罪与惩罚之间的关系，更需要将法与伦理相统一。比如，在刑事立法上，对过失和意图的区别，既有技术上的问题，又有伦理上的考虑。在有些法治制度下，刑事立法不但注重犯罪人的犯罪结果，而且将犯罪人的主观恶意也纳入其中，这就是对犯罪人的伦理价值的反映。同样，在量刑时，除了要依据其对社会的损害情况，还要将其所隐藏的动机和情景加以考量，这就要求与伦理规范相融合，以保证裁判的公正和合理。在社会的发展中，法律也在不断地吸纳新的价值理念，以满足人们的需要。譬如，最近几年有关环保、两性平等、老人福利等议题的立法变革，其实质是伦理理念的变化。在一定意义上，法既是一种社会行动的准则，也是一种社会伦理观念的体现。法律的变迁一般都是与社会的伦理发展密切相关的，当一个社会的道德价值观念出现改变的时候，法律就会成为一个积极的推手和引导者，使整个社会更加公平。

第二节　法律推理的模型与方法

法律推理的模型和方法是法律实践中不可或缺的工具，它们帮助法律从业者在复杂的社会情境中作出公正、合理的判断。在应用这些推理模型和方法时，需要结合具体案件的情况，综合考虑法律规范、判例、道德和社会价值等多个因素。法律推理不仅仅是一个技术性的过程，更是一个需要高度智慧和判断力的复杂活动。

一、法律推理的模型

（一）辩证推理模型

作为一种主要的法律推断方式，辩证推理源于辩证思维，注重对事物进行剖析与解决。其论证模式的实质是发现与协调不同法律概念、原则或规范间的冲突，并以此为基础找到最佳的法律解决方法。司法实践中，特别是当涉及权利冲突、法律原则冲突，或者社会利益博弈时，就更需要用到辩证的思维方式。这既有助于法官在纷繁复杂的情况下作出正确的裁判，又能维护司法公正。在实践中，法律人需要运用辩证推理，对不同法律之间以及规范与原则之间的相互冲突进行分析。比如，在刑法与民法典的交集情形中，存在刑事与民事责任同时发生的情况。刑法的适用应兼顾民事补偿，以防止刑罚过度。辩证推理有助于厘清各学科中法律准则的界限，从而使裁判结论具有合理性和实用性。所谓辩证的核心就是对各种法律规范与利益关系的掌握与调和。在一些案例中，公益与个人权利冲突是一组典型的冲突。例如，在环境保护和公共安全中，往往存在着与个人权益相矛盾的问题。辩证逻辑需要司法机关既要维护社会公众的权益，又要维护个人的基本权利。这就要求在立法过程中要兼顾各种法律价值，防止某一种法律价值过度凸显，避免司法过度介入①。

当法律工作者面临多种矛盾时，应谨慎地进行各种规则的取舍与应用。比如，劳工权利与企业生产利益之间常存在劳动法律方面的冲突问题。对这一问题，应结合实际情况，选用合适的法律规则，并采用“中间方法”，以保证裁判结果的公正。此外，由于法律中某些条款的不明确，造成了对其理解与解读上的差异。通过比较各种司法解释，才能在法学体系中寻求更加理性阐释与应用的方法。比如，在表达自由和国家安全的矛盾问题上，运用辩证思维能够综合考量表达自由的行使边界以及对国家安全可能造成的影响，从而作出兼顾表达自由与维护国家安全的司法裁决。法官、律师等法律工作者在进行辩证论证时，

---

① 万高隆. 法律逻辑学[M]. 厦门：厦门大学出版社，2013.

不仅要具有高度的综合判断力，还需具备对社会的深刻认识。在处理各种冲突时，仅仅依靠法规规定往往难以妥善解决各种疑难问题。辩证推理要求法律从业者站在更高视角思考法学问题，重视现实需求，注重多种价值的交融，从而使司法实践与客观事实相符，裁判结果更加公平。

（二）统计推理模型

在对案例进行法律统计的过程中，法院往往会根据海量的审判资料，运用推理与概率理论等方法，对某一案例的将来的裁决趋势进行推测。区别于经典的演绎推断，它强调从收集资料、确定规律等方面为司法裁判提供参照。统计推断方法的运用正日益受到人们的关注。尤其在某些案例类型相对固定，事实较为明确的情况下，运用统计学推断方法可以使法官及司法人员作出更为科学有效的预测。在众多的民事诉讼中，对不同法官和地区同类案例的判决进行了对比和比较，可以发现相似案例的判决有一定的倾向性。以此为基础的推论方式，既可协助法官判断案件事实，又可为我国法治变革与提高司法公开程度提供理论依据。通过对案例处理时间、类型与裁决的相关性的统计与研究，有助于法庭对案例的处理过程进行优化，并找出其中的多余或不合理的延误。例如，一些案例由于特殊的审判习惯或者诉讼程序，会造成审判时间很久，通过对以往的资料进行分析，发现其中的规律，进而提出相应的对策。在客观的信息支撑下，法治体系可以持续地进行自我调节与优化，从而达到提升诉讼效能、降低诉讼不公的目的。

在统计学中，由统计推断得出的结论往往是某种程度上的，而非法定上的必然。由于司法判断并非只依据法规，它还包括了法官的主观判断、案件的具体情况和社会情况等诸多因素，因此，它不可能取代常规的司法判断方法。在某些复杂的案例中，由统计推断得出的结论未必能完全应用到具体案例中，仍需由法官依据具体案情进行自由裁量。在实际应用过程中，通常将统计推断与其他推断模式相结合。比如，在审判过程中，法院可以利用统计资料确定案情走向，而对具体案情采用演绎或类推的方法进行分析。只有将其运用于司法实践中，才能使其在司法实践中具有更高的科学性与合理性。将统计推断和常规的法律推断方法有机地融合在一起，可以使法律体系在兼顾公正和公平的前提下，更好地发挥其作用。

（三）法律解释模型

法律解释既是法律适用的依据，又是在条款模糊的情形下维护司法公平、社会安定的有力手段。不管是新的法规，或者是特定的案例，都要对有关的法规进行细致剖析，并根据个案的具体情形作出正确的判决。由于法律的规定通常比较简洁，而且有些抽象，因此，对于法官来说，需要对其进行深刻了解，才能防止错误地解读，从而造成判决的错误。当遇到模糊条文时，要结合条文所处的语境、目的以及立法环境等因素，作出理性的延伸与推论。例如，我国现行刑法对"合理怀疑"没有一个清晰的界定，只有依靠现有司法解释、相关案例以及法学著作，才能使其解释合乎立法本意，也能契合当时的社会实际情况。法律解释并不只是单纯地从文字上解读法律条文，而是要结合大范围的法律制度、历史背景和立法宗旨。任何法律或法规的制定并非独立存在，而是作为一个系统的有机组成部分，受到整个法律架构的约束。司法实践中，要立足于大的法制框架，把握立法机关的意旨，并结合当时的法制制度和当时的大背景。从整体上把握，可以防止"断章取义"或"偏狭"解读，从而保证了司法的科学、合理。比如，在对"侵犯公民个人信息罪"的理解上，法院在对其条款进行阐释的同时，也要将其与社会变迁下的隐私保护观念和有关立法对其的保护进行符合时代特征的阐释。

对于一些含糊不清的条文，司法机关在作出诠释时，应采取多种方式加以变通。常用的解释方式有文义解释、目的解释和体系解释等。文义解释以字面意义为重点，目的解释以法条表述的立法意图为重点，而体系解释强调将条款置于整体法规系统中加以考虑，并对它们之间的相互关系和连贯性进行剖析。法官可以结合个案情况，对各种不同的方式进行综合应用，并在适当的时候参考判例，为复杂的案例寻找最适合的法律应用途径。同时，在对其进行阐释的过程中，也需要考虑到当时的历史环境和社会发展的需要。法是一种随着社会、经济、科技发展而发生改变的一种动力机制。这就要求我们在理解这些条款时，要注意当前的社会变革以及公众价值观念的改变。比如，在当前我国面临的生态环境问题越来越严重的情况下，法院在对涉及的有关法规进行解读时，除了要从文字上进行解读之外，还应该将法规置于环保的紧迫需要以及可持续发展的大时代大背景下，作出与之相适应的司法裁判。法律解释的目的并不在于寻求合理的解答，而是在于维护司法公正，维护法律的统一与稳定。合理的司法解释可以减少司法实践中的不确定因素，减少民众对司法裁判的不信任感。有利于裁判协调各案例的衔接，保证类似案例的适用，促进法治建设的标准化、科学化。

（四）批判性推理模型

区别于经典的法学思维方式，批判思维并不局限于对已有的法律准则或案例进行认可，而更多地关注其合理性、公平性和实践结果，从而促进法律的完善或改变。尤其是当法律规范自身有瑕疵或者不公正的时候，批判推理可以给司法活动带来变革的力量，促使其更加符合现实的需要。问题是批判性推理的核心。这就需要在司法实践中，既要符合法规的规定，又要考虑可能存在的偏差、不公正或历史遗留的问题。在面对重大的社会问题时，批判性推理有助于从正义的视角来检视法律与时代的变化。批判性推理促使司法人员走出常规的司法思维，从司法实践的角度出发，审视司法对社会底层和弱势群体的作用，从而使其能够切实地保护每一个人的人权和人格。司法实践中往往都要面临现行法的陈旧以及职权的滥用。批判性推理需要法官对实际生活中的法律被不当使用，以及因其模糊性而产生不公平的后果进行评判。例如，法律中一些条款的文字表述并不符合当前的社会发展趋势，造成一些裁判结果不能真实地反映出社会公正。通过对现行的法律架构进行反思，可以促进审判活动的变革，使审判不再受法条的束缚，更能满足人们的深层需要。

批判性推理的另外一项主要作用是促进司法变革。随着时代的进步与价值观念的转变，法律也随之发生了变革。批判性推理能够揭露现有法律的不合理与不正义之处，促使法律学者、立法机关与法官对法律进行重新思考与变革。例如在世界各国，环境与人权问题日益受到关注，批判性推理要求立法机关对现行法规进行修订，以期更好地应对环境保护、社会公正等现实问题。批判性推理既能为变革提供理论支撑，又能为具体立法修正提供现实基础。在进行判断时，必须具有高度的独立思维和社会责任心。“批判性推理”不仅是对现行法的一种质疑，更需要对其所产生的总体效果进行剖析，并考虑其能否切实实现公共利益与社会公正。在法与现实的矛盾中，批判性推理给了法官以再诠释和创造的机会。“批判性推理”要求司法人员除关注个案表层的事实外，还应站在更高层次的视角来考察其所蕴含的社会架构与权力之间的联系，防止其沦为谋求权力与私利的手段。司法实践中，使用批判性推理可以促进司法的人道化发展，并体现公平与正义。在我国的传统法治中，许多法理依据都是建立在过往的社会架构与文化理念之上，然而，当时代变迁之时，其规范却未必能够充分适用于时代的需要。通过批判性推理，可以发现与时代不符的法规条款，为修改和废止的立法工作提供了依据。

二、法律推理的方法

（一）规则推理方法

作为一种最普遍也是最基本的法律推理方式，规则推理是指在进行推理时，必须按照一定的法律规定，根据具体的法规来进行分析、评判。其以明晰的法规规定为依据，确定案例的应用，从而得到符合标准的判决结果。无论是在民事还是在刑事案件中，规则推理都具有系统性、操作性强的特点。通过对法条的逐一剖析，可以使法律的适用更为明晰，从而可以防止主观上的任意解读。在遇到个案时，要根据个案的具体情况，决定其所要应用的法律规范，并根据其条文的内容来判定其在个案中的应用。进行规则推理需要对相关规定有较深刻的认识，并能准确地掌握相关条款的内涵与适用范围。例如，在税务案例中，经常会使用规则推理来判定一个纳税人的免税与否。在税收法律中，可以根据具体的行业、收入来源和特定的国家和地区的特殊情况进行判定。法院要根据税收法律规定，逐个对照案例，确定其与法律规定相一致。在许多案例中，通过规则推理可以为案例的判断提供一个相对可靠的法理基础。司法实践中，法院的工作就是按照法定的规定，对与案情不相关的各种要素进行剔除，并对其作出公平的判决。

当遇到一些模糊的法律条款时，其规则推理就会受到限制。比如，一些法规的规定，因其用语的不明确或立法目的不明确等原因，在实践中会造成司法实践中的困境。因此，法官除了要注重文本内容，还要将法律规定与法律解释有机地融合起来，以弥补法律规定中的漏洞。同时，为了更好地处理各种复杂的案件，还必须与其他的推理方式相配合。在具体的审判实践中，对其进行逻辑分析时，也要注意其系统性与连贯性。任何一种规范并非单独出现，它与其他有关条文之间有着密切的依赖关系。在对个案进行剖析时，除了要注意个案的适用，更要以整个法的大架构为基础，保证各个法条间的衔接与协调。比如，民法中的部分条款与侵权法中的部分条款有重合之处，因此，在进行规则推理时，必须将二者结合起来，才能保证裁判的全面、公平。另外，在对法规文本的语境与历史演进进行分析的过程中，也存在着一些问题。在某些情况下，要对现有的法规进行完整的解释,必须从其发展历程、修订背景和制定目的等方面对其进行综合分析。比如,在《中华人民共和国劳动合同法》的应用上,由于社会、经济等方面的原因,其立法目的及适用领域也会随之改变。所以,在进行规则推理时,既要注意现有条款的文字含义,又要了解其所处的立法环境,以保证司法裁判符合时代发展的需要。

(二) 价值推理方法

价值推理法注重发掘蕴含在法律规范中的价值取向与公众利益,在多元利益与社会需要之间进行权衡,作出更加人性化与符合时代性的判断。与传统的“规则推理”侧重于对法规条款的严密应用相比较,“价值推理”更多地侧重于社会公众的利益,它更多地体现了社会公众对利益的追求。在很多复杂的案例中,单纯的规则推理很难完全适用于各种纠纷,为此,必须将价值推理纳入司法裁判之中,既要保证裁判结果的真实性,又要体现出社会的基本价值观以及对公正的要求。比如,在遇到一些企业违规时,法院除了要依据有关的法律规定来判断其违法与否,还要从长期的、可持续发展的角度来考量。仅从立法的角度来看,往往存在着对环保行动的支撑不足的问题,从而影响到整个社会的总体效益以及生态的可持续发展。司法实践中,要注重对公益的保护和对生态平衡等方面的考量,只有这样,才能使司法裁判更加注重对公益的保护。这样的价值判断方法,可以突破法条的狭窄范围,体现出普遍的社会目的。在复杂的社会问题中,往往存在着诸多的利害关系人,其诉求与目的往往是冲突的。比如,在处理劳资纠纷时,既要兼顾当事人的合法权益,又要兼顾企业经营的可持续发展。在二者相互矛盾的情况下,通过价值推理,可以使司法人员作出理性抉择,保证在遵守法制的基础上兼顾所有人的权益与公平。均衡并非单纯地运用法条,还应兼顾社会公平正义与效率。

社会价值与社会公益的关系是不断变迁的,因此,司法机关在作出司法判断时,应结合当时的社会背景、文化认同以及社会大众的需要。比如,随着两性平等和社会包容等理念的深入人心,很多传统的法规已经无法满足当今社会正义的需要。司法机关要结合时代潮流,判断立法条款与当前的公众价值取向相一致,并据此作出适当的诠释和创新。司法实践中既要严格遵守既有的法治体系,又要敢于对一些不合时宜的规则进行质疑,从而促进法治的发展。比如,对社会治安与公民隐私的保护,司法实践中经常遇到难以解决的问题。司法机关既要根据法律的具体内容,又要站在整个社会的角度,权衡各方的利害关系,作出与之相适应的裁判结果。它既是对法规条文的解读，也是对社会伦理、公共政策的认识与评判。从长期的法学发展趋势来看，其结果是促进法与社会的和谐统一。随着时代的进步，新的问题不断出现，而现有的法治体系已不能完全适应时代的需求。对此，价值推理既能促进现行法治的完善，又能保证其在实践中更加适应时代的发展。比如，对于不断涌现出来的科学技术问题，人们常常不能很好地处理，因此，在作出裁判时，要根据对社会的整体利益有更深入的认识，才能作出有利于公众的决定。通过这种方法，可以实现对各种利益与价值的权衡，既可以使法律能处理当前的问题，又能为将来的发展创造条件。

（三）案例推理方法

案例推理法通过对以往的判例进行剖析，归纳出对现行个案所适用的判断准则，以保证司法实践的连贯性与可预测性。案例推理的实质是通过比较相似的个案，找到个案间的相似点，进而推出适用于个案的法则。对法庭来说，它是一条简便的途径，有助于法官解决疑难问题。法庭会审查以前在类似情况下作出的裁决，并评价它们之间的相似程度，以用于目前的案例。该程序并非简单地照抄以往判例，而是通过对判例的剖析、提炼，以保证其适用于新案例。案例的推理往往需要对案件进行某种程度的分析。在审判实践中，法院不但要审查以往的先例，而且要有鉴别案件相似之处的能力。在有些情形下，虽然案情似乎相近，但其隐含的法律问题却不尽相同，此时，法官必须对个案中的主要法律原理进行剖析，以判定其在个案中的应用。所以，案例推理既是一种法律应用技术，也是一种对司法实践具有一定指导作用的法学知识与裁判技能的综合运用。

案例推理法最大的优点就是可以使司法实务具有较强的稳定性和连贯性。稳定与可预测是非常重要的。根据之前的案例，法庭得以保证在同类案例中作出相近的裁决，从而防止由于不同的裁决准则而导致的不公正。案例推理可以给当事人带来更清晰的期望，有助于其在司法实践中作出更合理的选择。比如，当企业遇到合同争议时，可以通过参照以往同类案例，对法庭的裁决进行预判，从而对自身的经营决策进行相应的调整。案例推理为司法体系提供一种依循判例的方式，有助于提高司法的透明性与可信度。虽然以往的案例对本案具有一定的借鉴意义，但是过分依靠先例会使司法原则变得僵硬。随着时代和法治的不断发展，司法机关必须打破陈旧的先例，对不断涌现的新问题进行改革。法院若一味地依循判例，就有可能阻碍法治与社会的发展。案例的特殊性还会导致以前的一些先例并不能充分应用于目前的案例。即使是类似的案例，在事实、背景、法律联系上的微小差别都会造成不同的结果。所以,在运用判例时,必须有较大的弹性,才能在适用判例的前提下,结合个案的具体情形,作出正确的司法裁判。

在个案分析中,也存在着判例种类繁多、司法诠释不一等问题。在某些疑难案件中,同一案情往往会因不同事实而产生分歧,从而导致案例的复杂化。特别是高级人民法院的判例,对个案的解读常有分歧,导致个案推断的方式很难统一。这就要求法院在援引判例时要特别注意,以保证所选取的判例与现实中的案情相近,对个案有实际的指引。在类似的情况下,案例推理不但可以维持法律的稳定与统一,而且可以为当事人提供可以预测的法律结果。在充分吸收以往判例的基础上,可以使法官在司法实践中更有效地运用法律,并保证判决的连贯性与公平性。从将来的情况看,案例推理将因时代的进步与法学范畴的演变而受到新的考验,但是它在法学体系中所发挥的重要地位却是无法被取代的。

(四)目的推理方法

与通过对法规条款中特定条款进行判定的规则推理相比,"目的推理"更多地关注于对法规所隐含的立法意图与社会目的的剖析,进而得出与之相一致的裁判结果。现实生活中,目的推理可以使司法裁判更好地把握法律的基本宗旨,保证司法裁判与司法实践相一致。特别是在保护消费者权益、环境保护、劳工权益保护等领域,目的推理可以在司法实践中实现公正。其实质是对法条的目的及立法意图进行深刻分析。司法人员既要从法律条文本身的含义出发,又要将其与立法环境、立法宗旨相联系,从而得出最有利于实现社会公正的裁判结论。以《中华人民共和国合同法》为例,其立法宗旨在于维护当事人与经营者的利益,维护其最根本的权利。对于侵犯了消费者利益的案件,法院除了要根据《中华人民共和国消费者权益保护法》中有关条款作出判决,也要考虑到该法所追求的目标,也就是保障市场公正与消费者的根本利益,从而作出与立法精神相一致的判决。"目的推理"有助于司法人员从单纯的文本分析走向对法律规范与社会价值内涵的认识。目的推理有助于司法机关对法规的灵活适用,防止法规条款过于死板、过于狭窄。这些法规通常产生于某一具体的历史环境之中,其内容与条款很难囊括各种情形。随着时代进步,法律问题日趋复杂化,仅凭简单的逻辑推理已不能完全满足人们对纠纷解决的需要。"目的推理"是一种注重将司法目标与司法环境相结合的方法,有助于法官针对个案作出更为公正的判决。例如,当发生劳动权利纠纷时,法庭除了要依据《中华人民共和国劳动法》来判定雇佣双方的法律关系之外,还要了解《中华人民共和国劳动法》制定的本意就是要保证劳动者的最起码的生存标准和职业安全,这样才能在裁判中对劳动者进行全面的保护。

"目的推理"既注重文本意义,又注重对"社会"与"公益"的深入认识。在某些有争议的案例中,由于各种条款之间有一定的矛盾,此时,就必须运用目的推理方法,对各个条款所体现的社会价值进行衡量,最后做出对公众有利的裁决。比如,在环保诉讼中,法庭就必须权衡经济效益与生态效益。再比如,在社会对公正和可持续发展认识加深的背景下,法官应在司法实践中根据对社会价值观念和社会趋势的认识,作出与立法目的相一致的裁决。"目的推理"有助于司法人员根据新时代的需要,选择最合适的方法来运用法律,以保证法不断地促进社会的发展与进步。在实践中,法律目标通常既宽泛又抽象,但在实际生活中,法律问题又呈现出具体且复杂多变的特点。法的目的可以有多种解读,而且各个阶层对法的目的的认识也不尽相同。此时,为了维护公众的利益与社会的正义,法官必须在各种诠释中作出抉择。而要做到这一点,就需要对法治产生的历史背景、社会需要以及公众的需要进行全面剖析,才能对社会各方面的利益进行权衡,做出恰当的裁决。

(五)比例推理方法

比例推理是一种非常有效的方法,特别是当面临多种不同的法律利益或不同的价值观时,可以辅助法官作出正确的判断。该推理法注重在衡量各种利害关系的相对重要程度时,以使侵权行为减至最低、收益最大为原则。比例推理的关键是均衡与对照,以保证在疑难案件中当事人的权利得到适当的保障,同时也使整个社会的利益得到最大限度满足。尤其是在犯罪案例中,经常使用比例推理来衡量犯罪情节的轻重程度与犯罪动机和后果的相关性,进而确定量刑标准。其核心思想就是在面临各种利益矛盾时,通过理性选择,以达到最少的法律介入和最大的社会效果。当事人之间经常存在着不同的利益矛盾,要解决这种矛盾并不能完全依赖于法条本身的表面含义。而比例推理为解决这一问题的一种有效途径。在裁判过程中,经常要权衡当事人之间的利害关系,采用"适度"的方式,既保证了司法介入和惩处力度不过分,又能维护社会的公平、公正和社会秩序。比如,通常,原告索赔的数额比真正的损害要大,而且,被告也有可能十分抵触。通过衡量当事人之间的利害关系,可以使法官作出公正合理的裁决。刑法往往根据犯罪动机、犯罪后果和犯罪嫌疑人所处的社会环境来确定量刑程度。犯罪嫌疑人实施的犯罪行为虽然对社会危害程度不大，但因犯罪的主观故意或客观原因，可以判处更严厉的处罚。但在另一些案件中，当罪行的动机和结果都不严重时，法庭也可以采用从轻处罚的方式。比例推理有助于法官权衡各种案件，保证量刑适当。在保证惩罚与犯罪程度相适应的前提下，既能防止过分惩罚，又能保证正义的实现。

比例推理不仅在犯罪案例中得到了运用，而且在其他领域也得到了普遍运用。以环保为例，在实施环保法规的过程中，往往会遇到发展与环保的矛盾。运用比例推理，可以使国家与法庭客观衡量各种利害关系，最大限度地降低其消极作用，并保证其有效性。比例推理有助于保证司法机关在维护社会的总体利益的前提下，不至于过分地损害某些人的权益。通过立法，可以更好地化解各种矛盾，保障社会的和谐发展。比例推理是一种对现实生活具有很强适应性的方法。由于时代的变迁，原来的法规架构及条款已无法适应新情况、新问题。比例推理可以作为一种可操作的手段，使其在现实的社会需要与各种不同的利益之间作出最理性的判决。比如，在一些新兴的领域，比如数字经济和人工智能，很多现行的法规并不能很好地适应发展的需要。司法实践中，法院可以依据时代的发展与法律的演进，保证裁判的合理与高效，并规避因立法滞后而造成的不公。但是，这种比例推理法也有其自身的缺陷。在各种利害关系中进行调和是十分困难的，因此，在作出决定时，法官必须依靠他自己的经历和价值观念。由于存在着一定的主观性，从而造成了不统一或不透明的结论。过分依靠比例推理，会造成司法实践中的模糊性，从而失去对司法裁判的清晰指导意义。这就要求司法机关必须在两者间寻求一种均衡，以保证司法的公正与权威。

（六）假定推理方法

假定推理是一种适用于司法实践中对缺乏充分证据或者证据不完整的情况进行分析的方法。该方法通过假定各种情况下的各种可能情况，协助法官推测出事件的可能后果。它的中心是推论，是根据已知的线索、事实及合理的假定，对个案进行评价而不需要任何直接的证据。假定推理在司法实践中具有重要的现实意义，在缺乏直接证据或者案情较为复杂的情况下，往往需要根据已掌握的间接证据对犯罪嫌疑人进行判断，进而对重要的犯罪事实进行推测。运用假定推理法，往往需要仔细地分析案例中已有的各种证据。司法实践中，由于缺乏充分的事实依据，往往会遇到难以解决的问题。假定推理有助于法官对不明确情形下的判决结果进行理性推断。比如，在没有直接实物或目击者证言的情况下，法院可以根据被告的行为、语言等旁证，构造多种可能性情景，从而得出其犯罪可能性。这种推理方式可以协助法律从业者做出理性的推论，即使没有确切的依据，也能作出判决。在运用该推理的时候，一名法官或者律师会先给出一个合乎情理的假说，而这种假说往往是建立在已有案例的基础上的。比如，假定一名被告人在犯罪发生时就在现场，那么，虽然没有任何直接的目击者，但也可以推断出他犯下了这一罪行。在审理过程中，法官要综合案情，对各种情况进行推理。通过比较各种情况下的可能后果，使法官能够评价假说的合理性并作出相应的判决。假定推理不是单纯的猜测，它是一种基于已知的线索进行理性推论的逻辑推论。

假定推理并不是说法官可以任意地推测案情的结果。这种方法需要法官根据案例中的全部事实，根据严密的推断原则来进行假定。法官要保证所提供的假说在某种程度上是合理的，而且那些假说可以用可获得的资料来支撑。假定推理的要点是，法官必须根据理智与逻辑，而非想象。通过对个案进行适当的假定，可以使法官在没有直接证据的情况下，为个案提供一条可能的说明途径，以达到公平判决的目的。假定推理在某些特定的情况下也经常使用，特别是当缺乏充分的事实根据时，法庭可以根据“合理假定”作出判决。比如，对于某些较为复杂的商务刑事案件，尽管缺少相关人员从事不法行为的直接证据，但是可以通过目前的财务收支状况以及企业的运营状况，对其可能从事的违法行为进行合理的推断。通过假定和推断，可以弥补现有的不足，得出合理的结论，使诉讼得以成功进行。假定推理也有其局限性。其中一个重要的问题是，由于推断通常是建立在假定基础上的，因而存在着一定的偏倚或不精确性。特别是当证据不足时，过分依靠假定推理会造成错误判断。比如，当一个裁判忽略了一些重要的事实，或是对这些假定的合理性没有进行适当的评价，就会导致判决的结果不正确。另外，假定推理的结论也存在着一些不确定因素，从而给最终的判决带来了很大的风险。所以，在运用假定推理的过程中必须慎重，要保证各种假说都可以被已知的事实所证实。然而，假定推理在司法实务中仍发挥着非常大的影响，特别是对于不完全的、案情比较复杂的情形。通过假定推理，可以为案情提出合理的说明途径，有助于推动案情发展，同时也可以对缺乏的证据加以补充。同时，假定推理还可以为司法人员提供一种灵活的判断方式，从而使其在面临较高不确定性、复杂性的情况下，可以作出正确的判决。因此，假定推理是一种非常必要的法律推断方式，可以在缺乏证据的条件下，帮助法官作出正确的判断，促进诉讼的顺利进行。

第三章
法律论证概述

法律论证通过推理、分析和解释，确保法律适用的正确性与公正性。法律论证不仅仅是对法律条文的解读，更涉及法律原则、社会价值及个案具体情况的综合考虑。通过严谨的论证过程，法官能够为裁判提供理论依据，同时提升司法判决的透明度和说服力。在现代法治体系中，法律论证的规范性和逻辑性至关重要，是实现法律正义的核心要素。

第一节　法律论证的定义与功能

法律论证是指通过逻辑推理和法律分析对案件事实进行阐释，结合法律条文、判例和法理，以得出合理法律结论的过程。这一过程旨在确保司法裁决具有合法性、合理性与公正性。法律论证不仅帮助法官在复杂案件中明确适用的法律规则，还能增强判决的透明度和公信力。其主要功能包括提供法律解释、确保裁判的一致性以及推动法律体系的发展与完善。

一、法律论证的定义

法律论证是指通过合理的逻辑推理和法律分析，对法律问题进行系统性解答的过程。它通过结合法律条文、判例、学说和具体案件的事实，阐明法律适用的依据和理由。法律论证的核心在于对法律规则的解释与适用，使法律裁判具备明确的理论支撑，并确保司法判断符合公正、合理的标准。通过这种过程，法官能够有效地作出合规的判决，并为法律体系的延续和发展提供理论基础。

二、法律论证的功能

（一）提供法律解释与适用依据

法律论证的主要作用在于为法律规定的解释和应用提供根据。司法实践中，法律规定往往会有一些含糊不清之处，因此，法官需要通过对其进行法律推理，从而对其所要表达的意思进行更深层次的探究，从而为案情的分析奠定坚实的基础。法律规定的模糊性往往会引起理解与应用上的分歧，此时，法律论证就成了法院厘清法律意图、统一裁判标准的重要手段①。法律条文可以有多种解释，特别是面对新的社会现象和复杂问题时，立法条款常常不能覆盖全部情形。对法条的解读也不是绝对的，它随着社会的发展和司法需要的不断改变

① 郝建设.法律逻辑学[M].北京：中国民主法制出版社，2006.

而不断地进行调整。通过归纳、演绎、对比三种推论方式，对条款的意义和适用范围进行剖析，以保证新案例中的法条可以被正确地应用。例如，在认定“合法性”的时候，要根据有关法规的规定来判定该案例的正当与否，然后才能确定该条款的具体应用。

很多立法规定的内容都是比较抽象的，不能直接处理个案中的一些特定问题。这种情况下，要借助法学理论的方法，经过缜密的逻辑演绎和剖析，确定其适用的范围与条件。对于较为复杂的案例，法院通常通过对法条的解释，并根据案情作出相应的推理。比如，同一法条可以在多种情况下适用，但是，在个案中，法官却要根据个案的具体情况来决定其是否适用。法律论证既有助于司法人员对法条的理解，也有助于法官对某一特定案例的正确处理。法律条款的制定通常有一定的立法背景与现实要求，在适用法律条款时，不仅要对其文字含义进行解读，还要对其立法宗旨及所蕴含的社会价值进行深入探究。比如，在司法实践中，法官既要对有关法规的规定进行详细的解读，又要对其产生之时的时代背景和目的进行理解，这样才能保证裁判结果与立法精神相一致。

在进行法学理论的论证时，既要依据法条本身的意思，又要综合运用案例研究、理论研究和社会发展等多个角度来加以分析。案例法学是司法实践中一种很有价值的法学理论，它主要是对同类案例进行归纳、概括，以指导司法实践。对此，法院在进行法律推理时，往往要参照过去的审判实践及有关案例，以保证对具体案例的理解与适用。这种方式可以使法官在裁判过程中遵循统一的法律规范与思维方式，提高了审判的公平性与稳定性。比如，在审理“过失杀人罪”的时候，法官除了要了解法律规定的文字含义之外，还要结合其定义、历史判例和法律环境，来确定其在具体案例中的适用范围。法学的论述并不只是文字上的解释，而是要深入了解它在现实生活中的运用及其效果。

在进行法律论证时，也要注意法规的规定与其他有关法规之间的协调。对于一些法律条款的运用，会出现与其他有关的法规发生矛盾的情况，所以，要经过法律论证，对各种法规的规定进行整合，对各种法规条款的相互联系进行适当的梳理。法律的论证不再只是对条款的诠释，更多的是各种规范的互相配合。只有这样，才能使法官对一些比较复杂的案例作出适当的判决，从而保证法律系统的一致性。法律论证是指对法律规定进行细致的解读，准确地把握立法意图，并对相关的法律规范进行全面的应用，从而给法官们以充足的理论支撑，使审判的结果与法律的精神和社会的公平公正相一致。

（二）确保司法公正与透明

在诉讼程序中，法律论证具有决定性意义，特别是对保障诉讼的公平和透明度具有重要意义。正义既是法治建设的根本需要，又是法治建设的基础。法律论证是一种严密的推理程序，它能为法官的判断提供严密的逻辑支撑，从而确保其结论的合理性与正当性。通过对案件事实的分析，可以使当事人、律师和社会大众更加清楚地了解案件的案情，从而提升法院的可信度，降低审判程序的不确定性与任意性。法律论证以其严密的逻辑推理程序保证了对司法判决的理性阐释。在遇到较为复杂的案情时，往往要根据个案中的特定情况，对不同的法条进行解释和适用。法律论证并不只是单纯地援引法条，而是要以推论的方法来解释该条款在个案中的应用。只有公开、透明和某种程度上的标准化，才能保证裁决的正当和公正。法官的论证程序若不明确，则会使社会大众无法了解判决的根据，从而造成对判决结果的质疑。反之，通过严密的法理推理，既可使案件事实清楚地呈现，又可使案件的结论更具体系与逻辑，以保证其公正与合理。

透明意味着审判程序必须公开、易于理解。公平的审判系统应该使各方都明白判决的理由，而不只是要了解判决的结果。在对个案进行细致的法理分析之后，通过对其裁判理由的阐述，从而使裁判的结论从一种抽象的结论转变为一种合理的、明显的过程。不管是引用有关的法规，或是通过对判例的剖析，都可以使法官在进行法律论证的时候，将判决的根据完整地表述出来，使当事人和社会大众都能全面地了解整个判决的进程。比如，法官在作出判断时，除了要确定犯罪嫌疑人有没有达到犯罪的标准之外，还要按照相关的法规、司法解释以及案情的具体情况，来对审判行为进行详尽的说明。这个经过详尽说明的法律论证程序，使裁决更具正当性，更易于让人理解。在一些具有社会敏感性的案例中，这样的透明特别具有意义，可以帮助人们减少对法官的偏见，提高人们对法庭裁决的信心。

同时，法律论证也有助于法官排除主观因素的影响，保证裁判结果的公平。法院裁判的公正与否，除了取决于法官的职业素质外，更取决于其所运用的法学原理与推理方式。司法实践中，法官对裁判依据进行系统化、条理化阐释，最大限度地降低了主观和感性的影响。通过对案例的认定，对其所适用的法律进行客观分析，并按照严密的逻辑程序进行判断，以保证最终的裁判能够符合公认的司法规范与社会期待。而法律论证的透明度又可以提高我国司法制度的可信度。在一个缺少透明度的法律制度中,人们常常会怀疑法庭的裁决是不公平的,或者审判程序是无法预料的。在这样的大背景下,司法公信力的缺失将严重损害法治建设。在审判程序中,如果每一步、每一判决均具备正当理由,就能使社会大众能够对其进行理性判断。比如,法庭在处理商务争议的案例时,就有必要对合约的条款作出详尽的说明。在明确的法理基础上,可以使当事人及公众了解判决的原因,并可有效防止公众对审判独立与公正的怀疑。同时,为了保证司法制度的可持续发展,必须保证法律论证的公平与透明。很多过去的案例都与现实生活中的需求相脱节,具有一定滞后性。司法实践中,既要根据已有的法规来作出判断,又要根据现实中的实际情况,对其作出合理的解释与补充。法律论证在清晰的法理基础上,充分展示了独立、公平的审判方式,使得法院作出的裁决既合乎法规,又与时代发展相适应。

(三)增强裁判的一致性

合法性问题是影响审判结果是否公正、可预见的重要因素,也是影响司法公正、司法信誉的重要因素。通过对案例进行规范性的推论与适用,可以使法官在同类案例中维持判决的连贯性,减少任意性与不公平。这种法律论证的作用,保证了同类案例在各法院可以有相近的裁判效果,有利于维护审判的稳定,有利于构建法治的社会。通过对法律规定的规范性运用,可以使司法机关在处理相似的案例时,有一个统一的判断准则。在同类案例中,法院通常要依据既有法律规定以及判例和法律原理作出判决。通过对案例进行适当的法律论证,可以保证对相似案例适用统一的司法规范,从而防止由于法官的主观判断或判断准则的差异而造成判决的前后不一。比如,司法机关在审理劳资纠纷时,经常根据《中华人民共和国劳动法》的规定对个案进行判决。在具体的法律论证中,可以明确为什么要使用同一的法规,保证不同的裁决准则之间的一致性,以防止由于不同的裁决准则而导致的司法公正与权威的丧失。法律论证是指援引先例,并加以剖析,从而提高判决的连贯性。判例法在世界上占有极其重要的位置和功能。为了保证判决的前后一致,法官经常参照和借鉴以往相似案例的裁决。通过对案例的剖析,可以清楚地指明本案例为什么应该按照前面案例的结论来进行逻辑推论,这样就可以防止由于个人的主观认识造成的分歧。案例法学给了法官一个清晰的参照体系,有助于他们在类似案例中维持统一的裁决逻辑。

司法实践中,通过对个案的逻辑推理,可以使法官更好地了解案情中的同异之处，进而对一些疑难案件作出正确的判断。在遇到同类案例时，法官通常会查找有关判例，经过对比、分析，从中找出共性与差异。这样可以使司法人员在了解各种情况下，对法律的适用范围及适用的情况有具体的把握，以保证判决的统一。例如，在确定民事侵权责任时，要结合个案的实际情况，判断其法理依据，并结合个案的特定情形进行适当调节。通过对判例与法律原则的剖析，可以使法官在判决时做到前后一致。同时，通过对案件事实分析，可以有效地防止法官在审判过程中的任意性，确保审判的标准化、透明度。司法判决的任意性往往来源于对法律规定的主观性解释或任意适用，而法律论证是通过严密的推论与运用来保证其客观化、规范化的。这样，既可以防止任意判断，又可以为当事人及社会大众提供足够的理由，维护审判的公平与权威。

就法治社会而言，规范与案例法的统一运用，既有助于提高公众对判决结果的信赖，也有利于维护法治的稳定。由于司法上的前后不一，造成了法律上的不确定，造成了公众在遇到相似情况时难以预料后果，影响了法律的权威性与司法的可信度。通过规范的逻辑推理，使司法判决具有连贯性，有利于维护社会的安定和发展。在商业纠纷、劳动争议或刑事诉讼中，法院都会运用法律论证，以保证同类案例能够得到一致的判决结果。法律论证并不只是对既有规定的直接援引，同时也需要法官通过对个案的深度反思，根据当时的时代环境与法治发展的需要，及时地对判例及相关规定作出适当的修正。法律论证的规范化、系统化要求法官既要遵守其内在的统一性，又要不断地应对新情况、新形势下的社会变化。这样，既保证了法律制度的稳定与可适应性，又促进了法治的发展。

（四）推动法律理论的发展

每个案例的出现，都是对法律规范进行阐释与发展的新机遇。审判实践中，法院经常会对现有的法律进行新的阐释，有时还会在一些案例中引入一些新的学说，从而推动着司法制度的不断改进和理论的创新。法律论证有助于法律在社会变迁中的演变，并保证其随时都能满足社会发展的需要。通过对案例进行深入剖析，可以发现现有立法规定中可能存在的缺陷和歧义。我国现行立法中存在着一些新问题、新矛盾，已不能适应我国当前的国情。司法实践中既可以针对个案中存在的法律问题给出明确的回答，也可以对法律规定作出新的诠释。通过对案例的阐释，可以使法学规定获得新生，促进法学理论的发展。比如，随着技术的快速发展，很多传统的法规已经不能适应网络安全和人工智能等新兴领域的需要。通过对有关案例的分析，可以为司法实践中出现的新问题提供新的见解，推动法学发展。

当立法规定不能给出清晰的解释，同时在适用于实践的过程中也存在着纠纷时，现行的司法解释很难适用。将案情与相关的法律条文相联系，使法官能够对具体案情作出判决，同时也可以对相关的法律条文进行增补或修正。比如，在民事诉讼中，对于一些关于知识产权或者契约条款的案例，通常需要法院对有关法律条文作出弹性解释。这样的逻辑演绎，既能在一定程度上化解当前争议，又能为今后同类案例的司法裁判提供借鉴，促进法学的革新与发展。司法实践中往往会遇到诸如公平、正义、诚实信用等基本原理，其内涵与应用领域往往需要在案例中加以解释。通过细致的法学论证，可以使司法机关根据个案的具体情况，对其进行合理的阐释，从而得出更为切合实际的观点。特别是当涉及某些有争议或敏感的问题时，司法裁判及其所蕴含的法学论点往往会引发学界与法律界的探讨与反思，进而促进法学理论的发展。比如，在涉及夫妻共同生活中的财产分割时，往往会依据个案的不同情况，对“公平”作出不同的解释，以促进这一方面的法学研究。

在全球化的大环境下，国际法与国家法的相互影响越来越大，而法律论证则是将国际惯例、国际条约和本国法有机地融合起来，为国际纠纷的解决提供了一个重要的理论支撑。司法实践中，司法机关在处理涉外纠纷时，常常要求将国际法原理与本国法衔接起来，并作出理性的诠释与应用。通过对其进行法律论证，既能促进本国法与国际法的接轨，又能促进本国法的发展。比如，在涉外经贸纠纷中，通过对有关国际公约的研究，可以为我国司法实践提供新的思路，促进我国立法的与时俱进。在当今的时代背景下，法律论证已成为联系法学实践与法学理论之间的纽带。通过对案例的剖析与裁判，使法院既可以根据既有的法规来处理现实中的问题，也可以对法规规定进行新的解读和应用，有时还可以促进法规的修改与改进。它既可以帮助目前的个案处理，又可以为法学的发展带来新的活力。比如，在现行法规已无法适应社会变化的情况下，通过法官的裁决，可以引起法律界的思考和探讨，促进对法律规定的修正和完善，保证法律的与时俱进，适应时代发展的需要。

（五）强化法治与社会稳定

在司法裁判中进行的法律论证，并不只是单纯地对案情进行剖析，而是要深入了解并恰当地运用法律规范。法治的合法性保障了法治制度的稳定与可预见性，提高了民众对法治的信赖与服从。通过对其进行逻辑分析，可以对法律的应用领域与条件进行清晰界定，使公众清楚地了解自己的行为在哪些情形下将受法律制约，怎样才能保证自身的权利受到保障。通过对法律的分析，可以为法官的判决提供一个合理的说明，从而实现对法律实施的透明、可视化。这样的透明对社会安定来说是一个关键的基础。只有在合法的前提下，公众才能了解法庭的裁判理由，才能推断出类似案例的最终裁判结果。在法治国家，每个人都要依靠它来处理纠纷、调和各种矛盾，而这种可预见性又是必不可少的。法庭借由适当的法律论证，可对同类案例作出统一的判决，使公民得以依循此准则作出决定与行动计划。在这样的法治氛围中，民众对法律有了更为清晰的期望，也就不至于因为法律的执行不一致或裁判不公而产生不满。

通过对案件事实的分析可以更好地保证审判结果的连贯性与规范化，从而强化了法制的权威。连贯性与标准化反映了法官的权威。在具体案例中，由于缺乏足够的法理依据或者缺乏严密的逻辑而造成判决的不统一，势必影响到法律的稳定与权威。经过严密的法理推理，使司法机关在审理同类案例时，有了一致的裁判逻辑。这种方式既可以保证诉讼双方得到同等待遇，又可以提高公众对法治的信心。在面对法律问题时，人们可以预期判决的结果，并在符合法律规定的范围内进行纠纷的化解。在法治建设过程中，公民与国家间的法治保障是公平和正义。法并不只是一系列规定，更是解决社会纠纷和维持社会秩序的一种手段。审判过程中，若没有明确的法理依据，就有可能造成对法律规范的误解或任意运用，进而损害了法的公信力与社会的稳定。法律论证是对法规条款的应用与限度进行清晰的解释，以保证判决不受情绪等主观因素的影响。透过有条理的法律论证，法庭可以对每个个案作出合理的裁决，并对裁决提出充足的理据。这样既能保护相关人员的正当权利，又能清楚地传递出一种信息，那就是:法律是公平的，并不会因某些群体或某一阶层的身份而有任何的偏向。当人们发现法院的判决是理性和公平的，他们就会对法律产生更多的信赖，从而愿意按照法律来行事。

通过加强法的权威，可以给人以安定的期望。如果一个人认为自己可以预见并相信自己所做的事情，那么他就可以根据自己的行为方式来进行自己的行动。它能让个体的行动符合社会准则，进而确保整个社会的稳定。在法制健全、判决结果统一的情况下，社会大众并不会因判决的不确定与不透明而感到紧张与不安，相反，他们更能感受到安定。这样的安定，不但可以维护好一个社会的正常运转，而且可以为整个国家的经济发展起到强大的支撑作用。只有依靠法治来处理问题，才能使人们的行动更为规范化，才能有效地化解社会冲突，推动社会的安定与和谐。这样，就可以使法官对法律规定与案情的联系有更深的了解，作出与公众预期相一致的判决。社会准则不是一成不变的，而是随着时代和社会的发展而变化的。法学理论对不断进行的社会变革起到了促进作用。通过对司法实践中出现的各种新问题的诠释，可以实现对现有司法的理论创新。这种理论上的创新，不但对于我国的司法实务有着十分重大的意义，而且对于解决我国当前的社会突出问题，促进我国的经济发展以及未来的发展，都有一定的借鉴意义。所以，通过对法规条款的修改与改进，可以使法治与社会安定产生良好的相互作用。

（六）实现法律与社会价值的平衡

虽然司法裁判确实是以法为依据，但是，诸如公平、公正和伦理等社会价值却常常对个案产生重大的影响。通过对案例的社会背景、道德伦理和法规条款进行全面的分析，给法官们一个多维的考虑基础，这样才能保证法院的判决既能与法律相一致，又能反映出社会的根本价值观。法律论证既能保证法的正义，又能推动社会的公平与伦理秩序的维持。法律论证是指通过对案例进行深度剖析，从而使法官更好地了解法律规定的应用领域。实践中，立法的内容通常比较抽象和含糊，立法的条款也不能全面涵盖全部的现实情况。法官要根据个案的特定情况，通过法律的论证来明确规定，从而作出合理的判断。通过对案例中的社会要素进行分析，可以保证判决的公平，从而实现法律规范和社会价值的密切结合。

当涉及伦理等方面的问题时，法律论证有助于司法人员在个案中找到一个平衡点。在审判某些具有重大意义的案件时，法官必须跳出法条本身的表面含义，并兼顾社会道德与公德。比如，在家暴案例中，虽然有相关条款对其进行了规范，但是，对于受害者的利益，对其利益的保障，以及对其利益与责任的权衡，却常常要求法官考虑到更加多元的道德因素。通过对道德、社会舆论等多方面的考量，法律的判断不再只是一个冷冰冰的条文，它还反映了社会的公共利益，保证了法院作出的裁决得到社会认同。通过法律论证，可以使司法人员在具体案件中拥有更多的灵活性，特别是在遇到较为复杂的社会问题时，可以作出更为人性化的裁判。对于某些青少年犯罪，在适用相关的法条时，除了要依据相关的法规，还要对其进行教育、对其所产生的社会效果进行评价。所以，司法实践中，法官常常要在对其进行法理分析的基础上，将适用的法规与社会的利益进行权衡，以保证案件的判决能够满足对法的保障，也能够满足人们对其将来发展的期待。法律的论证具有举足轻重的地位，它既是对法规条款的运用，也是对整个社会价值观念的一种反映。

通过对法律论证的分析，探讨了法律论证对司法实践的影响。随着时代进步，某些传统的法治理念与社会价值理念必然发生矛盾，特别是当面临各种新的社会问题时，这种矛盾尤为突出。比如，在两性平等、多元文化意识日益增强的今天，司法机关在审理此类个案时，常常要对其进行反思。通过对个案进行深度剖析，有助于法官在审判中融入一定的价值观念，从而使其在审判中更好地适应时代的发展与人类的道德需求。这种法律论证既能提升法的适用性，又能促进社会价值观念的发展，从而使司法判决更能满足民众的期望与要求。法学上的论证也有助于法官在面对纷繁复杂的社会环境时，不完全依靠法条或一种价值取向来作出判断。很多案例并不只是单纯的法律纠纷，还有深层的社会矛盾和价值观念的碰撞。例如，在一些重大的公共政策或者环保案例中，常常会牵涉到不同的社会利益团体的矛盾，在这样的多层面的法律论证中，法庭可以保证所作出的裁决在法律上与公众的需求一致，进而推动社会的和谐与法治的发展。在法治建设中，法制是一项重要的制度安排。只有对案件进行详尽的法理剖析，并结合当时的实际情况，才能对案件作出最恰当的裁判。法律规定并不能彻底地处理一切社会问题，特别是当社会变迁与伦理价值观发生矛盾时，法律的辩论可以给法官带来更为弹性的思考与解答，从而使法院的审判不再只是一种机械的执法行为，更多地反映了社会需要与道德理念。在此基础上对人与人之间的关系进行分析，从而使法不再只是一种调节人与人之间关系的手段，更是一种促进社会公正、促进法治发展的动力。

第二节　法律论证的基本类型

一、辩证法论证

“辩证推理”是法学中一种主要的证明手段，它强调从对立与统一的视角来研究法学问题，并帮助人们在面对各种矛盾的时候作出正确的选择。在法律的应用中，所包含的法律规则、事实以及它们的目的往往都是相互矛盾的，而辩证的证明就是要通过对它们的相互联系进行深刻的剖析，从而找到一种符合逻辑与现实需求的最优解。特别是在当代，由于各种规范间的矛盾日益突出，法所涵盖的范围日益扩大。在法律规范和原理发生矛盾时，运用辩证观点可以有效地识别产生矛盾的根本原因，并提出相应的对策。比如，一些案例中所涉法规的规定比较含糊，又或是在适用的范围上产生了分歧。运用辩证论的方法，既可以使司法人员了解各种规定的适用范围，又可以深入地剖析其内部联系，进而作出更为理性、公平的判决。

辩证法论证要求论述各种法律规范的优劣，并对其进行分类。在两种不同的规则之间存在着矛盾时，究竟应该以何种方式来优先使用，是一个非常重要的问题。辩证地进行论述，即法律工作者不仅要根据某个特定的法律规定，还要从法律背景、目的和所要处理的现实问题等方面进行综合评判。因此，在处理纠纷时，应注意到更深层的社会要求。例如，环境保护和经济发展表面上似乎是矛盾的，但通过对环保法和经济发展的矛盾进行剖析，人们意识到立法规范在保障生态环境可持续发展的同时，也要兼顾经济发展的需要并推动社会发展。既要考虑到立法本身的具体应用，又要考虑其长期的目的与整体的社会效益，才能作出更为理性的判断。

辩证法的核心思想是"对立统一"。在处理各种社会问题时，法官常常要从不同的视角来进行全面考虑，既要考虑案件的法律适用，又要考虑社会、经济、环境等多种要素。通过辩证法，可以使政策制定者更好地认识二者的联系，防止片面地偏重于某个特定的利益集团。同时，运用辩证法对法学的发展也有一定的启示作用。在面临新的社会问题时，"辩证"理论为司法原理的阐释与应用开辟了更为开放的途径。在对社会实践变迁的思考中，辩证地阐释了现行法，并指出了新的法的发展方向。特别是在法与技术、文化与国际关系等多个学科相互交错的复杂环境中，辩证思维对法律进行调适与改进具有重大意义。

二、规范论证

规范论证作为一种特殊的证明方式，其实质是对各种规则进行系统剖析，尤其是对其内部的逻辑关系进行解读和推理。其关键是对司法系统的完整性与连贯性的把握与运用，进而对个案作出司法判决。法律规则通常具有多层面、多维度的特点，规范论证的目标就是要通过对各准则间的关系进行剖析，以保证在特定的案例中，所应用的准则与整个法律系统的协调统一，使其内部的统一性和规范性得以维持。相对于其他的法学论证方式而言，规范论证更侧重于各种规范间的协调，并在众多的规范中寻求最优的应用途径。司法工作者在司法实践中，必须对各种法律制度中的各种规范有深刻认识与应用。这并非简单的引用，更重要的是要准确把握各个准则在系统中的位置和功能，以及它们与其他准则的关系。

而规范论证则需要对法规的内容和所蕴含的价值观念有着深入了解。任何一项法律准则都具有其独特的立法目标与社会价值，它们相互关联，互相制约，共同组成了一个有机整体。法的统一表现为：法不只是各种准则的累积，而且要通过对准则间的逻辑联系、价值目的进行调整，以使各种准则都能发挥其应有的功能，从而保证社会的有序和公正。所以，规范论证既要理解个别条款的具体含义，又要理解其在整体的法律系统中的地位和相互联系。通过对法律规范之间的逻辑联系进行剖析，从而使司法工作者能够在各种情况下作出正确的判决。通过对上述原则进行系统性的剖析，可以对具体情况下的侵权责任原则进行运用。这样不但有助于对具体案例中的侵权行为进行判定，而且可以保证裁判结果与整个法的逻辑相一致。

规范论证也有助于解决某些疑难问题。比如，对于多个法律规范交错的案例，通过规范论证有助于发现各种法律准则间的矛盾，并依据制度本身的一致性加以调和。既要考虑单个条款的具体运用，又要考虑到整体，以保证对法律的理解与运用的合理性。比如，当涉及与劳动关系和民事关系密切的纠纷时，通过规范论证有助于区别各部门法之间的法律关系，从而防止由于条款之间的矛盾造成判决的不合理。在我国经济飞速发展、法治日益健全的今天，规范论证显得尤其重要。由于不断涌现的新问题、新情况，对现行法规的规定提出了新的要求。规范论证有助于法官在新形势下仍坚持法治的根本逻辑和价值取向，作出与时代相适应的司法裁判。例如，伴随着技术的发展，关于互联网平台的一些相关的法律问题也开始显露出来，在处理新兴的网络侵权问题时，该如何对其进行有效解决，就必须依靠规范的论据来对其进行详细的剖析，寻找出其中的协调点，以保证网络空间的管理不仅满足公正的根本需求，还能够推动技术与经济的良性发展。

三、历史论证

所谓“历史论证”，就是从历史背景、立法意图、立法进程等方面，对法律的真实意义及其应用领域进行剖析的一种法学理论。该研究侧重于了解法条产生的时代脉络，以求从法条的制定过程中窥见其真实的立法精神与宗旨。在法律条文中，由于其文字含义不明确或含混不清，可以通过史料来说明其宗旨。通过对史料和立法记载的分析，可以使司法实践更加清晰，从而保证在适用时不背离立法本意。要了解一条法规的真实意义，就必须结合它产生的时代环境。任何一项法令都是在一定的时代条件下产生的，它的内容既是对时代要求的体现，也是对立法机关意志的集中体现。所以，从历史的角度来看，可以使法律从业者从一个特定的角度来了解这些规定所要处理的特定问题，并明确其应用领域。在很多案件中，特别是在立法规定模糊或经过数次修改的时候，历史论证就变得非常关键。借由对有关的立法记载、历史文献及对其所处时代的历史环境的剖析，可以清楚地了解立法机关在立法时的用意，进而对其作出正确的诠释与运用。

对立法规范发展历程的研究，是运用史学方法进行实证研究的重要手段。法律规范的内容可以根据社会的发展及其实际情况进行修改，并体现出社会理念和法律观念的发展和变革。通过对立法条款的修改过程进行梳理，可以使我们了解到，在各个时期，这些规定所要处理的问题以及它们所具有的社会价值，从而为当前的司法实践奠定基础。尤其对于某些比较复杂的案例，通过历史论证，可以更好地了解某个条款或原理产生之时的目的，也可以了解其在不同时期所产生的变动，以防止对法条的理解过于简单化或过于偏狭。在立法文本意义不明的情况下，历史论证就显得尤其重要。随着时代的不断发展，很多原来浅显易懂的法规，在当今的实际运用中却面临着各种各样的问题与挑战。通过对法律渊源的追溯，可以使司法人员更好地了解立法初衷及其所体现的社会价值观。在某些案例中，由于某些特殊的社会问题或科技革新，往往不能完全地运用法规，因此，历史论证可以体现立法者的意图，从而使法官在司法实践中更加准确地作出裁定。

由于社会问题的本质与形态已经改变，原有的法规已经不能直接处理新出现的问题。通过对其修改历程的考察，有助于剖析其变化与实际需要的内在联系，进而为解释法学的近代化提供了理论支撑。比如，对于环境保护和网络安全等新的领域，通过对传统立法规定没有预料到的社会变化进行分析，有助于法官对现行法规进行理性解释，从而使其在新的时代背景下仍能发挥作用。因此，本书提出的历史论证方法对解决法学解释的模糊性具有一定的借鉴意义。在立法文本与实际情形之间存在巨大差异时，纯粹依靠文字理解会造成裁判不公。通过对其进行历史性的论述,使法官能够更好地理解当时特定的社会环境与需要,进而防止对其条款产生误解。从“历史论证”中获取的相关资料,可以帮助司法工作者对法律准则的运用状况有一个较为完整的认识,从而使司法实践中的司法裁判能够更好地满足法学的根本精神与正义的需要。

四、价值论证

“价值论证”是以法所蕴含的社会价值与立法目标为基础,对其进行逻辑推理的一种方式。这一概念是指在司法实践中,既要重视立法文本本身的意义,又要充分发掘其所蕴含的社会价值与目标。法不是单独的标准,它是为了实现公正、平等、自由、保障权利等重要的社会价值观而为社会和个人提供的一种手段。通过对深层的社会价值观进行剖析,有助于法官对特定案例作出正确的判决,保证了对法律的运用有利于增进公众与个人权利之间的均衡。立法条款的文字并不能为裁判提供一个完整的指导,特别是在某些关系到社会价值选择的案例中。司法工作者要从纯粹的文字解读中走出来,并与其所蕴含的社会目的、价值观相联系,作出正确的判断。例如,在涉及隐私的案例中,尽管立法上又对其进行了明确的规定,但是要在其与信息披露和公共安全等方面取得合理的权衡,就必须对其进行价值判断。法官既要了解个人隐私的特殊性,又要了解个人隐私的社会价值,同时要兼顾其他利益的相互联系与矛盾,作出恰当的判决。对其进行价值论证的关键是对其所蕴含的价值系统的把握。法律准则的确立,通常是以某种特定的社会目标与价值为基础,包括自由、平等、公正以及其他一些社会价值观。通过对法律条款中所隐含的立法价值进行剖析,有助于法官在各种利益的矛盾中进行取舍,寻求对公众最有利的处理方法。比如,对某些与人权有关的案例,通过对其进行价值分析,可以使法院在裁判时,不但要注意法律条款,而且还要注意其所体现的权利保障观念,以便作出公正的裁判。

价值论证还包括评价法在被执行后所产生的社会影响。司法工作者在办案过程中,既要注意量刑的长期效应,又要注意量刑的现实效应。例如,在判断一项侵权行为时,不仅要根据法规的具体内容,也要考量其对社会行为模式、道德标准以及司法公信力的影响。法的目的在于维护社会秩序与公益,所以,司法工作者必须从一个宏观的视角来审视每个司法裁判所产生的社会价值导向功能。比如,在环保方面,立法者除了要根据相关的规定,还要从可持续发展的观点来评价裁决所带来的生态与社会效益。特别是对于某些关系到社会各方面利益关系的纠纷，其价值判断就显得尤其重要。尤其是在没有明确规定的情况下，通过对法的价值判断，法官可以在司法实践中具有更多的灵活性，从而达到法的社会目标。通过对个人自由和公众利益的考量，可以使司法裁判在保证司法公正的前提下更好地发挥其应有的社会价值。在新的时代背景下，传统的法规已难以适应新时代的要求。而价值论证则赋予了司法实践更多的弹性解读空间。法官在面临新的社会问题时，可以从价值角度出发，对现行的法律制度进行反思，以保证其符合新的社会需要。例如，网络的快速发展给信息安全带来了新的问题。法官既要根据已有的个人信息安全法规，又要兼顾科技创新等社会价值，对信息安全与科技发展进行权衡。

五、实用主义论证

实用主义论证是以现实需要为基础，以解决问题为目的，着眼于具体的社会情景下的法学理论。它强调在审判活动中既要注重法律的规定，又要注重裁判结果所带来的实际的社会影响，以实现最大的社会效益。实用主义论证的理论认为，在处理复杂的社会问题时，不能一味地遵循法条与传统的法学原理，而是要结合案件的具体情形，作出灵活的裁判。特别是在当前社会快速发展、立法内容相对落后的情况下，司法实践应注重以现实问题为指导。在很多案例中，尤其是在一些复杂的社会环境下，仅仅依靠传统的法规和准则已经不能很好地处理实际问题。法官应从个案的实际情况出发，综合考虑整个社会的利益与个人利益，作出最恰当的裁判。从实践的角度来看，只有将裁判置于法定的范围之内，才有可能既能保证正义，又能响应实际需要，促进社会的发展与安定。例如，在科技创新和知识产权的案例中，实用主义的观点有助于司法人员既不过分地约束技术，又不过分地约束创新主体的权利，实现法治与经济发展之间的均衡。

实用主义主张以现实利益为中心，对司法实践提出了更高的要求。在许多涉及重大社会问题的案例中，这一做法尤其重要。比如，当发生劳动争议时，法院除了依据现有的劳动法规对侵权行为进行判定外，还应综合考量对劳动市场、企业运营以及社会安定所带来的长期冲击。实践证明，进行实用主义论证可以使司法人员了解社会的真实需要以及各种利益的矛盾，作出更为灵活、切合实际的裁判。司法裁判更注重司法实践的结果，从而保证司法裁判的公正。

实用主义的优点就是能够针对特定的情况灵活地运用法律的方法。由于立法规定过于概括，或者没有考虑到新的社会问题，加之法律条文普遍和实际情况不一致，使得司法裁判的执行结果不尽人意。实用主义的理论给了法官自由裁量的余地，从而使其在适用中具有更大的弹性与针对性。例如，当涉及环保与经济发展的冲突时，法院可以采用务实的方法，从个案的性质、社会的需求和环保的重要程度等方面对所有的要素进行全面的考量，从而作出对社会总体发展最为有利的判决。

法官并不只是一个简单的执法人员，而是一个维护社会秩序、维护公众利益的人。传统的立法规定往往无法有效地解决现实中出现的各种问题和各种利益矛盾，而在实用主义理论指导下，可以使法官根据其所处的社会职能，作出更为实际的裁判。其最大特色在于不完全依靠理论推理或法律条文阐释，而以现实需要为依据作出评判，重视实效多于重视表面的尽善尽美。实践证明，这种司法裁判既可以实现司法正义，又可以促进社会的发展，增进人们的福祉。尤其在某些涉及多种社会权益与法定权益冲突的案例中，实用主义理论为司法裁判提供了更大的自由裁量空间，突破了常规的司法模式，纳入了更为现实的考量。比如，在解决社会治安与个人自由的冲突时，既要根据立法条款，又要衡量各种量刑方式对整个社会治安、个人自由等方面的作用，进而作出对社会最有利的裁决。

第三节　法律论证的程序与规范

法律论证的程序和规范是法律实践中确保公正和合规的基础。通过合理的程序和严格的规范，可以确保法律论证过程的合法性、合理性和公正性，从而有效地保障社会的法治秩序与公平正义。

一、法律论证的程序

法律论证的程序是指在司法实践中，法官或法律从业者为得出合适判决所遵循的一系列推理步骤。这一过程确保了法律的应用不仅符合规范要求，还能够达到公正的结果。

（一）案件事实的确认

审判活动中，案件的真实性是非常重要的，只要有一个环节出现差错或疏漏，就会对案件的公正产生重大的影响。所以，司法实践中，保证事实的完整性、清晰性和真实性，是司法实践中最为关键的一环。法庭要充分运用证据调查、证人证言、书面材料等各种方法，对案件的背景、发生的经过以及有关各方的供述都有一个完整的认识，从而保证案件的客观准确。一切的事实都离不开有力的证据支持，所以，审判过程中，法官必须对证据的来源、真实性和相关性进行仔细考察。除了文字资料外，还应包括实物物证和视听资料，乃至鉴定意见。任何一种证明材料都必须经过严密的审理，以保证它能真正地体现案情。在认定事实时，还要对举证中存在的矛盾和不统一现象给予足够的关注，并对其进行甄别，以明确其真实情况①。要确定案情，还必须解决各种证据间的矛盾以及各种证词的相互矛盾。很多案例中，对于相同的事情，由于各种原因，往往会有多种表述，此时，法官就必须利用自己的判断能力，从全局出发，进行综合的分析与推断。通过与证据的比较、证人证言的检验以及案发地的考察，使法官能够全面地考虑案情的方方面面，从而作出认定事实的判定。

（二）法律条文的适用

在认定了案情的基础上，司法工作者要结合案情，对所要适用的法条进行判断。选择恰当的司法标准，是司法裁判程序中最为重要的一步。司法实践中，法条的应用并不只是单纯地套用现有的法规，而是要综合应用有关案例及法律原理。法官应先参考与本案有关的规定，弄清楚具体案例中哪些条款是可以直接应用的。司法实践中对法律的认识和解读往往是必不可少的。我国现行立法中有不少规定过于概括，不能全面覆盖具体情况。对此，司法工作者应从法规规定的原意出发，结合立法宗旨，对其作出合理的解读，保证其在适用中的科学、合理。另外，援引法律案例也发挥了重要的作用。通过对同类案例的分析，可以使司法工作者在相似的情况下作出具有一致性的裁判，从而保证了法律的统一性与稳定性。在具体的操作中，也要注意对有关的法律原理进行全面考察。法律原理对司法实践起到了一定的指导作用。只有将二者有机地融合在一起，才能使法官在严谨的法规体系下作出正确的裁判，并且保证裁判的

---

① 黄现清.法律论证的谬误研究[M].武汉：武汉大学出版社，2020.

最终结果能够满足整个社会的利益和正义的需要。

（三）法律分析与推理

在明确了适用的法规后，就可以开始进行法律分析和推理，这是法学理论研究的关键环节。这一过程要求对案例进行系统的逻辑推导，对案例中存在的法律问题进行剖析，并根据法律规定及相应的原理作出理性的判决。司法工作者不能只凭文字上的解读，还要对其立法原意及精神进行研究，才能在纷繁复杂的个案中作出恰当的判决。法律的研究常常是一个多层面的问题，它包含多种法律原理、历史背景，以及对司法实务的全面考虑。比如，法官在解决合同履约纠纷时，除了要依据《中华人民共和国合同法》的有关条款，还要借鉴诚实信用原则、合理预期原则等一般法理，对双方的责任与权利进行界定。同时，作为一名法官，也需要从法律产生的时代背景出发，理解其制定的意图，尤其是在一些有重大争议的案件中，对一些比较复杂的问题可以起到很好的指导作用。司法案例与判例是引导法官作出正确判断的关键基础，特别是对于一些共性或特定类型的案例，通过参考这些案例，有助于了解法条的应用领域及其背后的逻辑。这样既保证了裁判的统一，又提高了裁判的透明度与可预测性。

（四）解决冲突与选择优先适用的规范

个案所涉及的法律准则之间往往会发生矛盾，或是同时适用不同的法律准则。司法工作者要在各项法治理念和社会利益之间权衡，并作出最佳的判断。在法律推理过程中，法律主体既要依据法律文本的文字含义，又要综合各种法律原则、立法背景和复杂的社会实践，才能有效地进行法律论证。在处理矛盾时，应从不同的视角对有关的法规进行辩证审视。法律规定、原则或判例之间会有一些相互抵触的地方，因此，在法律论证的过程中取得适当的平衡是法学理论研究的重点。司法工作者要结合案情和所涉的法律范畴，对可能产生的种种法律效果进行全面的评价，以保证在不背离社会公正的前提下，实现与立法本意的统一。比如，当发生环保与经济发展之间的矛盾时，就必须综合考虑各方面的利害关系，作出有利于促进经济发展，同时兼顾环保原则的判决。一项特定法规的实施，对整个社会所造成的冲击更为深远，特别是当涉及公共安全和社会稳定等重要的公共利益时，法官既要考量法条的适用范围，又要衡量该条款所带来的整体社会福利效应。对于选取何种法律准则，不只要比较法条，还必须经过慎重考量。在判决时，应当结合具体案情、法律冲突的性质、社会公共利益和公正的需求，对不同方案的结果进行全面考量，作出既符合社会价值观，又合乎法律的精神的判决。法官的判决既要体现法律的严密，又要符合社会公平与正义的基本需要。

（五）判决结果的形成

在确定了事实、适用了法律条文、对法律进行了分析和推理、并化解了矛盾之后，由法官或者司法工作人员按照辩论的结果，对其作出裁决。这一裁决程序充分地反映了法律论证的结果，保证了诉讼的公平并对诉讼各方的权益作出了明确的规定。裁判文书的生成并非单纯的法条运用，而是一种多层面、多维度的综合处理，体现了司法的广度与深度。裁判文书一般包括对案情的陈述、对法律适用的解释、对法律的分析和推断、对法律冲突的处理方法等。要使法院对本案的基础事实有一个清楚的认识，即：对双方争议焦点的确定、对相关证据的接受、对事实的确认。这是对案件进行审判的关键出发点，也是案件审理过程中的一个关键环节。接下来，由法官对可应用的法规进行详尽的说明，并将其与案情联系起来加以阐释，以保证所援引的法规与案情准确相符。在法律的解析和推论中，法官需要对案例中存在的问题进行具体的剖析，并根据有关的法律法规以及有关的司法解释来确定裁判的逻辑结构。裁判的结论应当是公正、清楚的，以保证各方的正当权利受到保障。裁判文书的最后陈述既要使有关各方明白裁判的根据，又要使民众明白审判程序的公平和正当性。只有依据合理的司法阐释，才能更好地贯彻法治理念，保证法的统一和权威。

二、法律论证的规范

法律论证的规范是指在法律推理过程中应遵循的基本要求和标准，以确保论证的合法性、合理性和公正性。这些规范对法律人员的推理和判断过程进行了约束，确保其依据合法、理由充分，符合社会正义和法律的基本价值。

（一）正当性规范

在法学理论研究中，正当性是最基本的条件。只有这样，才能保证论证的合法性，法律论证的中心工作就是依据现行的法律条文、宪法以及有关的法律解释，对法律进行合理的推论与剖析。法律的每一步推导、得出的结论都要受到法律的约束，对法律的假设、推论或结论的超出或违背，都会造成不合法的结果，对法律的公正性造成极大的冲击。法的正当性是法的基本精神的反映。不管案情多么复杂，司法机关和工作人员都无法忽略最根本的法律构架和规定。司法实践中，对法条的运用不仅是一种技术层面的问题，还需要法官对法的立法目的和适用领域有深刻的认识，更要时刻维护法的权威地位。许多法律常常会出现矛盾和漏洞，此时，正当性标准就需要司法工作者对其作出理性的诠释，并据此作出判决。司法实践中，应当以正当的方法进行解释，以保证准确地运用法律，防止由于主观认识上的偏差或推论上的失误而造成不公平的裁判。同时，正当性规范要求对法律的论述既要遵循实体规则，又要遵循程序规则。在庭审中，一切论点与推论都要严格按照法律规定进行，以保证当事人的正当权益。只要违背了程序公正原则，就会损害审判的正当性，从而丧失其公正的价值。在证据采纳和对证人证言的审核等方面，正当性体现在严格遵守有关的法规，以保证整个程序的公正。

（二）合理性规范

合理性是保证理论推导严谨、得出合理结论的关键条件。司法机关在进行法律分析时，要根据案情及有关的法规，进行全面的逻辑推理，以保证所做的论述既要合乎法律，又要合乎常识。这种标准需要法官保持清晰透明的逻辑架构，保证每个步骤都建立在事实与法律的有机统一之上，而不是感情用事或非理性的推论。司法工作者在进行个案剖析时，应注意逻辑推理的严谨与条理。任何推论都必须建立在坚实的基础上，而一切推论都必须符合逻辑。比如，司法工作者在确定了某一案情之后，就必须以该事实为根据，并结合有关规定作出适当的推论。若有逻辑上的缺陷或跳脱，则会造成判断上的失误，进而对审判结果产生不利的影响。所以，在论证过程中，既要保证论证的连贯性，又要保证逻辑的清楚，这就是理性准则所必须具备的基本条件。同时，合理化的标准也需要法律的证明过程透明和可追溯。一切的分析与论证都应清晰明了，以便使有关各方和社会大众都能了解裁决的根据与程序。司法机关在做决定时，要注意防止感性思维或偏向思维，以及主观判断与常识相悖。理性的推论应该建立在客观的基础上，并将其与法律规定相联系，从而使其得出的结果与一般的公众认识相一致，并在司法实践中得到公认。另外，合理性规范还包括对法规条款的诠释。由于法律规定通常是含混不清的，所以，司法工作者在对条款进行解读时，应借助理性的逻辑结构，并根据案情加以说明。在立法目的、社会现实需要和司法实务中通行的惯例基础上，理性的法律解释既要遵循字面意义，又要兼顾立法目的和社会现实需要。

（三）公正性规范

公正性是法律权威的重要保障。司法工作者在进行司法的分析与论证时，特别是在出现了与之相抵触的情况下，或者面对着如何进行法律的抉择时，应当严格遵循正义与平等的原则，对当事人的权益进行公正的衡量。司法实践中应当尽量做到不偏不倚。公正准则的第一要务是保证各方的权益受到同等的待遇。司法工作者在进行法律论证时，要时刻秉持着“公正”的理念，不管是对自然人或法人，对强势的人群还是对弱小的人群，都要给予同等的待遇。在解决劳动纠纷和消费者权益保护等权利不平等的情况下，司法工作者要注意保护弱者的权益，避免因司法推理的偏离而造成不公正的裁决。这就需要从事司法工作的人具有较强的职业敏感度与责任心，既要保证所作出的裁决合乎现有的法规，又要保证裁判的公正。

在面临法律之间的矛盾时，公正准则需要司法工作者深刻地剖析各种可能的法律方案以及它们对双方所造成的后果。例如，在环保和经济发展产生矛盾的情况下，作为一名司法工作者，应该在兼顾双方利益的同时顾及整个社会的福利，以保证在不影响公众利益的前提下，满足个体和企业的正当需要。公正准则要求司法工作人员摒弃主观偏见，独立客观地作出裁判，以保证司法裁判的公正。另外，公正准则还需要对判决作出明确、透明的解释和说明，使有关各方和公民都能了解判决的结果与法理基础。一个公正的裁决，不但要符合法律规定，而且要使各方都信服，对广大群众具有明显的司法导向作用。

（四）客观性规范

作为一项最根本的规定，司法工作者的推理应当建立在客观的事实与依据之上，而不能带有任何的主观色彩或感情色彩。法治的基本使命就是对真实的追寻，并保证所有的判决都以充分的证据为依据。这就要求司法工作者在进行辩论时要做到“客观、公正”，不能把自己的个人感情、立场或社会看法带进案件的判断之中。客观既能保证法律推论的公正，又能为判决的合法性提供保证。对案件事实的尊重是法学理论论证的客观基础。任何一个案子的判决都要以案情为依据，司法工作人员要对案情进行核实，以保证案情真实、完整。司法工作者应严格遵守举证责任原则，不能在证据不充足、不正确的情况下作出判决。

不论个案情况如何，司法工作者都应以明确、客观的理由作出判决，并尽量避免主观或感性的推论。

“客观性”是指司法机关在对法规条款进行解读时，应从其自身的内涵及立法宗旨出发，而非将自己的观点或社会成见添加到司法解释之中。在适用时应客观，不应受个体价值观念和社会压力的影响。比如，在审判某一犯罪行为时，法官要根据案情及相关的法规，公平地处理被告人，不得因被告人的个人背景或案情的影响而产生偏见。同时，客观性又规定了在司法实践中不应受到外界的压力。法官的独立性不应该受到媒体、公众舆论等外界因素的干扰。司法公正需要司法人员在面对外部压力时不受外在的影响，作出合理的裁决，以保证每个裁决都符合案情及法律规范。

（五）一致性规范

一致性作为一种法律证明的基本原理，要求法官对同类案例进行类似裁判，以保证法律的统一与公正。该准则强调了司法工作者在审理同类案件时，应坚持统一的司法准则与基本原理，以免对同类案例作出完全不同的判决。维持这种连贯性，不但提高了立法的可预见性，而且提高了审判过程中的透明度与公正度。一致性原则就是司法工作人员在作出判断时，应当根据统一的法律应用准则进行判断。法律规定、司法解释以及有关案例都应该成为司法机关进行审判的根据。在遇到相似案例时，法官应当参照之前判决，并依据同样的法理进行判决。其目的在于保证在某些方面能够保持某种程度上的连贯性，防止由于法官主观或偶发因素而导致不同的裁判结果。

同时，一致性对判决的结果也提出了可预见性的要求。这就是指类似情况下，对类似的诉讼主体要给予相同的对待，以保证在类似情形下，双方都可以预期一定的法律结果。这种可预见性不但可以保证法律的权威性与公正性，而且可以提高民众对法制的信赖程度。实际上，维持前后一致不等于对同类案例作出同样的裁决。司法机关在处理各种个案时，既要尊重个案的特殊性，又不能任意背离现行的司法规范。例如，尽管具体情况不尽相同，但在适用时，法官仍然需要根据统一的法律适用准则及精神作出判决，以保证司法的灵活与协调。法规的权威性既来自其制定权，也来自法规规范在实践中的稳定性。在面对同类案例时法官往往能维持一贯的态度，民众也就更愿意相信这套制度，进而提升整个社会对法治的信赖。

（六）透明性规范

作为一种重要的法律理论，司法实践中，透明度是一个非常重要的标准，这就需要对司法程序和结论进行公开和明确，特别是使裁判理由详尽且易于理解，为广大人民群众所了解和认可。透明度既能反映法律的正义，又能提高人们对法律的信赖与信心，提高司法的可信度。司法裁判的透明度有助于各方对司法裁判理由的了解，有助于推进法治建设。所谓"透明度"，就是指法官在作出判断时，要清楚地表述自己的逻辑过程及得出的结论。在判决书中，每个理由以及依据都应该被清晰阐述，以保证大众和有关各方都能了解裁决的形成过程。比如对法律的解释、对案情的适用，都要有明确的规定。有了明晰的论点，法官就可以排除裁判中的模糊之处，使案件各方都能清楚地了解裁判的逻辑。

司法程序的透明度既保证了司法机关行使自由裁量权，又避免了司法机关的主观偏见、随意性和不公平现象。公民可以了解法官在作出裁决时是怎样权衡不同的法理与社会的利益，从而提升民众对司法制度的信赖程度。公开的裁判结果，既可以帮助当事人理解裁判依据，又可以为今后同类的裁判工作提供借鉴，促进审判工作的规范化和制度化。由于缺乏"透明度"，司法工作者容易被外界或私人情绪所左右，作出不公平的判决。裁判依据与程序的透明度，可以有效地防止上述问题，保证每个裁决都在公众的注视下接受监管。通过公布裁判的原因，公众可以通过法定渠道提出异议和进行监督，从而更好地保证司法公正。民众若能清晰认识到法官裁决的内在逻辑及根据，则对其有较高的信赖度。通过对庭审的公开听证，有助于公众更好地了解法律的公正，提高公众对法治的认识，从而推动法治的构建。

第四节　法律论证与司法公正

法律论证是司法公正的基石，它不仅为法院的裁判提供理论依据，也确保了司法的透明性、约束力和权威性。法律论证能够通过严密的推理、证据审查和社会价值考量，促进公正判决的实现。加强法律论证的质量，不仅能够确保个案裁判的公正，也有助于提升社会对司法系统的信任，最终推动法治社会的建设与发展。

一、法律论证为司法公正提供理论基础

法律论证是司法过程中判断和裁定的核心，提供了判决所需的理论依据。在司法公正的实现过程中，法律论证能确保法官在面对复杂案件时作出理性、合理的判断。通过严格的法律推理，法官可以根据法律条文、司法解释、案例和证据，全面评估案件的各个方面，做到合法且合乎公正的裁判。良好的法律论证能帮助法院在案件中确保程序的公正执行，避免随意判决和不公平的裁定，保障法官的独立性和客观性。比如，刑事案件中的“无罪推定”原则就要求法官在法律论证时充分论证证据的有效性，确保判决公正合理。

二、法律论证确保司法公正的透明性

司法公正不仅仅是结果的公正，过程的透明度同样重要。法律论证的过程能够为判决提供明确的路径，确保社会各方能够理解裁判背后的法律逻辑，避免司法判决受到外部因素的干扰。透明的法律论证能够使案件的各方当事人、公众以及社会舆论理解法官是如何依据法律进行推理、如何权衡证据的，从而确保司法过程的公正性。在涉及公共利益或敏感案件时，明确的法律论证能够有效防止法院判决出现偏袒某一方或陷入某种政治、社会压力的困境。

三、法律论证对司法公正的约束力

法律论证具有强大的约束力，能够限制法官在裁判中的任意性。良好的法律论证要求法官依据法律条文和现有司法实践进行推理，避免个人情感或外部压力影响判断，确保裁判结果符合社会公认的法理和伦理标准。司法公正不仅体现在裁定的结果是否公正，还体现在裁定的过程是否合规和标准化。法律论证为司法过程提供了合法性和合理性，防止因法律空洞、随意适用所产生的结果不公。例如，在适用法律时，法律论证会考虑案件的具体背景和历史，使法律条文的适用更具合理性与公正性。

四、法律论证在解决争议中的平衡作用

法律论证在司法公正中的作用还体现在它帮助法官和司法机构平衡各方利益。在司法案件中，尤其是民事、行政案件，往往涉及多方利益，法律论证能够有效权衡各方当事人的利益诉求。在平衡的过程中，法律论证要求法院深入审查所有相关证据，仔细剖析案件的事实，并依据公平正义的原则为各方找到一个合理的解决方案。比如，在侵权案件中，法院通过法律论证来平衡原告的赔偿需求和被告的辩护理由，确保判决能够公正地反映社会公平和当事人利益。

五、法律论证对社会信任与司法公正的长远影响

司法公正的最终体现不仅仅是在个案中的公正裁定，更在于它对社会信任的培养。法律论证的严格性和公正性直接影响社会公众对司法系统的信任。如果公众认为法律论证过程公平、透明且合理，他们对司法系统的信任度将会增加，进而促进法治社会的建设。法律论证是司法公正长期实现的基础，它不仅仅关乎一审判决的公正，更关乎全社会对法律及司法的认同。在社会变革、法律改革的背景下，法律论证能够有效回应公众的疑虑和期待，使司法公正不断得到增强和深化。

第五节　法律论证中的归纳与演绎

归纳与演绎是两种常用的推理方法。它们有着不同的逻辑结构和应用场景，分别在案件分析、法律解释以及法理推演中发挥着重要作用。

一、法律论证中的归纳

归纳推理是从具体的案例或事实出发，通过对多个个别情况的观察与总结，推导出一般性的结论或法律规则。归纳通常表现为从案件的具体事实中提炼出一个适用于类似案件的规则或法律原则。

（一）归纳的基本特点

归纳推理是从个别到一般的过程。法律归纳常常涉及对大量相似案件的研究，通过分析这些案件中的事实、判决或裁定，归纳出一种适用于该类型案件的普遍性规律。归纳推理的有效性取决于样本的广泛性和代表性。

（二）归纳在法律中的应用

1. 判例法的形成

作为英美法系最有特点的一种法学渊源，判例法是由法官根据个案的具体情况所作出的判断而逐渐发展而成的。在这样的法律制度中，归纳推理发挥着极其重要的功能，法官通常要从众多同类案例中提炼出具有普适性的法则。归纳的实质是对案件事实、法律问题以及判决的结论进行剖析，进而得出法律的应用法则。它既是法学发展演变的基本依据，又是司法裁判的基本思路。判例制度在英美法系中的地位尤其重要。法官要通过对以往案例的研究与剖析，从中发现与之相近的案例及相关的法律问题，进而为目前的案例作出判决。对历史先例的借鉴是英美法系的一个显著特征。司法实践中，通过对以往案例的分析，可以总结出对现行案例具有指导意义的规则，从而保证了司法的统一性。在案例法学的发展过程中，归纳推理的运行模式起着至关重要的作用。

通过对个案进行细致分析，可以使法官辨别出在哪个层面上存在着类似的关系，而在哪个层面上又存在着相同的法律问题。司法人员的工作就是对案例进行总结，从中找到对判决有帮助的一些基本的法律原理，以便将来遇到相似的案例时可以借鉴。例如，在民商事审判中，一位法官在审理一桩合同违反纠纷时，往往会根据以往审理同类合同纠纷的案例，运用归纳法推导出一种判定违约责任的标准。此外，法院可以审查之前的裁决，包括合同条款的解释、违约责任的确定，以及赔偿标准等，从而为目前的案例提供一个可依循的法律架构。通过对有关案例的总结，使司法人员能够很快地为自己的案例寻找合适的法律基础，而无须对全部的法律问题进行全面的审查。而且，案例法的推理过程并不只是依靠法官个人的判断，而是要遵从上级法庭的裁决，并尊重裁判的一致性。高等法庭的裁决是最权威的，低级法庭一般都要遵守这样的先例指引。法官对高等法院的案例进行了归纳和概括，并为将来的案例提供了借鉴。通过对众多案例的归纳和总结，使其具有较强的稳定性和可应用性。

案例法学的生成既是一个归纳推理的过程，又是一个动态的过程。随着司法实践中出现的新案例越来越多，司法机关也在不断地总结、完善现有的案例。这表明，判例法并不是固定不变的，它是在法官对新案情、新问题的理解中逐渐演变出来的。而司法实践中，法官的判断能力与司法的适合性是不可或缺的。司法实践中，一些尚未得到很好解决的问题，可以从新案例中寻找到新的观点和根据。在判例法的发展过程中，归纳推理发挥着重要的功能，这是英美法系对先例和法官判决的重视。通过对比案例、归纳先例，为司法实践构建了一个具有延续性、可预见性的体系。这一程序在保障了法的稳定的同时，也为具体案件的处理提供了一种弹性的对策。由于判例法的总结与发展，英美法系才得以在漫长的历史发展过程中获得了丰富的经验。

2. *法律解释*

当司法实践中遇到一些含混不清的法律条款时，法律解释就显得尤为重要。法律条款的文字一般都比较简短、精练，因此，对法律条文的正确把握和适用对法官、学者等司法从业者都是一个很大的难题。在对法律条文的阐释中，归纳和分析发挥了重要的作用。通过对判例的归纳与概括，既可以明确法条的内涵，又可以保证司法实践符合社会发展的需求。归纳推理有助于从特定案例中抽象出一般性的法则，并对其适用起到指引作用。在法条的内涵存在歧义或者不明确的情况下，法官必须对条款的内涵作出更加详细的阐释。法院经常会从众多案例中提炼出类似的问题，并对其进行概括。这样，既能使法律的内涵文字化，又能在具体的司法活动中加以补充与拓展，使之更为完备，也更具可操作性。在对个案进行归纳和剖析时，法院并不限于对个案进行简单的解读，更要透过个案的经验，总结出适合个案的诠释架构。比如，当一项法规只对一项行为作出了一定的限定，而没有作出具体的界定时，则可以通过对类似案例的审理方法进行比较，从而得出对此项条款的合理理解。通过对法条的概括，可以使法官认识到法条适用上的统一性，并对各种案例进行统一的司法解释。

法律解释并不只是一种诉讼程序，而且是一种涉及公正与权威的法律适用问题。在某些特定或者比较复杂的案例中，运用归纳推理方法可以使司法人员不会对法律条款产生误解。比如，同一法律条款中的一些词语或概念，在不同的时代背景下其意义不尽相同时，可以通过对以往同类案件的概括，使法官在具体的法律架构下作出更加准确的诠释。这样既能保证法律的正确应用，又能保证判决的公正。同时，将其运用到法律解释中，可以有效地防止单个法官对某一条款的不当理解。通过对大量的判例进行全面的归纳与对比，可以保证司法解释的连贯性，从而可以防止由于个人的主观判断而造成的法条解读的任意性。这种方式既能稳固法规,又能增加民众对法院裁决的信赖。特别是当法规没有具体规定时,通过对大量史实的总结,可以使法官作出一般适用的诠释。司法实践中,归纳推理具有较强的弹性和适用能力。由于法条具有抽象性、概括性等特点,需要法院根据有关判例,对其进行补充、改进。通过对史料的梳理,可以对司法实践提出更高的要求。通过对个案的总结和剖析,可以使法律得到进一步的改进,从而更好地实现社会公正。

(三)归纳的缺陷

1. 样本偏差

样本偏差是归纳推理中普遍存在的问题,尤其是在小样本条件下。归纳推理是从特定的样品中得出一般的结论。抽样是否具有典型意义,是否具有普遍性是关键。若在选取的样本具有偏差,也就是抽样自身并不能完全反映抽样对象的情况下,所得到的结果也会有偏差,有时还会导致不具有普遍意义的结果。该问题不但广泛存在于科研领域,而且在法学、社会学和经济学中也广泛存在。抽样偏差的来源通常是抽样方法的不恰当或抽样次数过少。在归纳推理过程中,当选取的样本具有一定的局限性或偏见时,所得的结果可能只适合某个具体的人群或情景,而不能用于更大范围的情况。比如,当一个法官只根据一个具体的案例,而这个案例中的事实和社会背景与现今差别很大,就有可能不能应用到相似但又不尽一样的案例中去。这样的抽样偏差不仅造成了适用法律的不公正,而且也损害了案件结果的客观与一致。另外,有选择性的报告或者资料收集方法也会导致抽样偏差。在归纳的基础上,只从具体的个案、事件或研究目标出发,忽视了其他典型的个案,则不能体现整体的实际状况。例如,社会学家仅对某个区域、某个人群的行动方式进行考察,然后将之视为一般法则进行总结,得出的结果未必完全符合其他区域或人群的现实状况,因而该结果具有一定的局限性。归纳推理需要充分的代表性、覆盖多种变数与可能,以保证所得结果的普适性。

如果样本数量太少,或者样本分布太密集,则可能会降低研究结果的精度和可信度。归纳推理的实质是从海量的资料与案例中总结出普遍的规则,由于样本数量的限制,其结果往往具有很大的不确定性。比如,当一个法官在审判过程中只依靠少量案例作出裁判,而忽略了其他存在着差异的案例,就会导致裁判结果不能全面反映复杂的法学问题,从而导致裁判结果的不合理性。所以,要消除抽样偏差,就必须保证抽样的普遍性与代表性。在进行归纳推理时,应尽量拓宽抽样范围,并保证抽样能够覆盖多个层面。这样既可以得到更为完整、可信的结果,又可以防止由于抽样范围狭窄而造成的错误。在科研领域,大范围的抽样可以保证研究结果的科学性和普遍性。

2. 过分泛化

"过分泛化"是一种普遍存在的现象,它是一种对复杂情况过分简单化或忽略个体间差别而导致归纳不全面的现象。在推理时,往往会出现这样的情形,即推理人员没有充分地顾及个案或情形的具体特点,把多个个案或事件过分地概括成一个单一的法则或结论。这样的泛化容易造成主观上的偏见,忽略了个案中重要的要素,进而会对研究结果产生不利的影响。从根本上说,归纳推理就是从一组具体的个案中得到普遍的法则。但是,如果把个案的结论和其他情况相比较,就会出现过分泛化的情况。比如,对案例中特定背景要素的忽略,造成在适用时丧失了弹性,不能很好地反映案例的复杂情况。例如,有些案例会牵涉到特定的法律条款、社会环境或实际情况,仅将其概括为单一的准则并不能公平地解决特定的问题。过分泛化的另外一种表现就是不仔细研究个案的特定环境,就随意套用个案的量刑或处置方法。在司法裁判过程中,如果法官只依据过往案例中已有的一般性原则,而未仔细考虑个案特有的要素,将会造成司法推理的失误。比如,如果某法庭就一项商务契约争议作出了一般性的裁决,而这一裁决并没有将签订合同时的具体情形或缔约各方的现实状况加以考量,易造成将来对相似案例的误判。所以,在导出一般性的结论时,如果不仔细考察案例的特点,就容易造成过于泛化,从而降低了司法的精确性。

在社会学研究中,特别是通过抽样推理而得到一般性的结论时,也有可能出现过分泛化现象。若研究人员不能恰当地考虑到不同的情况,而把研究结果广泛地扩展到其他类似情况,则有可能遗漏某些潜在的变数。例如,在社会、心理等领域进行的实验研究中,如果研究者只把个别人的行动方式归结到一种一般性的规则上,而忽略了文化背景、社会地位和教育水平等方面的差异,这样的推论就容易出现偏误。这样的研究结果不仅无法真实地反映现实中的复杂现象,而且也会对后来的研究与政策制定产生一定的影响。类似地,在经济研究中,过分泛化是很常见的现象。比如,在对世界经济进行研究时,可以从各国的经济资料中归纳出一般的世界经济运作法则。但是,不同国家的经济结构、政策环境和发展时期等方面存在不同。在没有区别的情况下,把一国的经济发展经验简单地套用到另一国,就有可能犯下错误。泛化的简单归纳,容易忽略经济发展中存在的结构差别,从而产生了过分概括的经济学结果,从而对该国的宏观调控策略产生一定的冲击。

在进行归纳推理时，要根据个案的特点，以防止过分泛化。在对一般规则进行归纳时，应确保其足够的个体适用范围，并能体现出各种情况下的差异。另外，还应保留一些弹性，容许个案的不同之处，以防止对每个情形都生搬硬套。这种方法不但可以使研究结果更加准确、合理，而且可以加强其适用范围。所以，在归纳过程中，过分泛化会造成结果的片面与不准确。只有与具体条件相结合，得出的结果才具有更合理、更普遍的意义，从而可以防止过分泛化造成的错误。应在兼顾一般性并保持个体差别敏感性的前提下进行归纳推理，以保证推断的客观公正。

二、法律论证中的演绎

演绎推理是从一般性原理或规则出发，通过逻辑推理得出具体结论。与归纳不同，演绎是从已知的法理、法律条文或普遍规则出发，推导出对具体案件的判断。

（一）演绎的基本特点

演绎推理是从一般到个别的过程。法律论证中，演绎通常从法律规定、宪法原则或前人的法理出发，通过合乎逻辑的推理，得出某一特定案件的法律结论。例如，从一项明确的法律条文推导出该条文适用于某一案件的具体细节。

（二）演绎在法律中的应用

1. 适用法律条文

审判活动中对法条的适用是一项至关重要的工作。在遇到特定的个案时，往往要根据现有的法规来进行推论和评判。尤其在法规有明文规定的情况下，司法机关就必须运用推论的方法，对个案中的特定行为与法条进行判断。而演绎推理是由普遍规律上升到具体情境的一种方法，在整个逻辑推理中扮演着关键的角色。通过推导，可以将一些抽象的法规规定应用到具体案件中去。演绎推理的实质是根据已经知道的法规，对具体的案情作出判决。比如，如果刑法中对盗窃罪的界定是“非法占为己有”，则在对一宗盗窃案件进行审判时，必须结合本案的实际情况，来判定犯罪嫌疑人的行为是否满足“非法占有”与“他人财物”两大要件。通过对犯罪嫌疑人实施“偷”等行为的分析，可以对犯罪嫌疑人进行认定。

演绎推理通过对案例中的特定情况进行分析，得出可以应用于司法实践的结论。法官要对案情进行详细分析，并一一确认其是否符合法定条件。对于盗窃犯罪，法院必须先认定被告人具有"非法占有"目的，即在没有取得物主的许可情况下，使用了诸如偷窃、抢夺等不法手段。其次，要认定为"他人财物"，也就是要确定物权的归属并非犯罪嫌疑人本人。通过对这些证据的核对，可以使司法机关对本案作出正确的判定。在"推定"中，法官并非单纯地将法律条文与法律依据进行比较，还需要进行逻辑的分析与证明。演绎推理是指由法官依据法律的具体条款，综合案情，作出理性的司法判断。也就是说，即便是在法规中有清楚的条款，仍然需要法官对案情进行细致的调查与推论。比如，对于一起盗窃案件，犯罪嫌疑人声称自己的行为是"误取"或"临时借用"，那么，就必须运用演绎的方法对这种解释进行检验，以判定其是否构成犯罪。

司法实践中，演绎推理的另外一种功能就是防止司法机关对法律规定的过分解读和滥用。由于法律的规定通常具有简洁、抽象等特点，因此，在进行演绎时，应注意对条款的解读要合乎其本意，不能逾越其应用领域。在具体的司法实践中，要注意对个案进行细致分析。演绎推理有助于司法人员将法律规定与案情联系起来，从而保证司法的准确、公正。演绎的过程并不只是对法条的应用，还要求法官对法条和案情进行全面的分析。在保证法律规定的适用性的前提下，对个案的特殊性进行探究，以保证判决的合理与公正。比如，在某些特定的情况下，司法机关还必须考虑犯罪意图、情节严重程度等方面，而这种考量往往并未在法条中充分表现出来，但是在实际运用中，往往会对个案的结论有很大的影响。所以，演绎推理既是一种依据，又是一种准确而灵活的司法解释方式。演绎可以使法官明确一般的司法原理，保证法律的应用与案情相一致。为了保证司法的公平和合理性，司法实践中，要运用演绎推理的方法对其进行补充和完善。

2. 演绎推理与法理分析

通过对现有法律条文、合同条款以及国际惯例的适用，得出个案的具体结论。演绎并不只是一种简单的逻辑推断方法，也需要通过对法律规定的深入了解，结合案情，才能保证对法律规定的准确运用。这种方式可以使法官在纷繁的法律体系中，寻找出最合适的方法来实现裁判的公平和合理性。从普遍到具体的推论，是演绎推理的关键。这就是指法官在审理案情时，首先要从大量的法条或者其他的法学著作中发现相应的条款，然后再结合案情，逐渐地归纳出适用于本案的最优法则。如果在契约条款中明确约定了"违反义务者应负违约责任"，则要运用推论方法，对案例中的违反情形进行判断，以判断其能否适用。司法实践中，要对各种事实进行详细剖析，并对其与法定原则的相互关系进行考察。演绎推理并非简单地将法律规定应用于案情，它需要通过对案情的各个步骤进行细致的考察，从而逐渐证实案情与法律条款的合理性。例如，如果某一案例关系到一项国际条约的实施，那么，法官必须仔细地研究《公约》中的有关条款，同时也要顾及各国签订《公约》时的具体共识或立法条款。通过把《公约》条款同特定案例联系起来，使法院可以决定这一国际条约能否被运用和如何被运用。

演绎推理除了作为一种运用法律的手段外，也具有一定的解释作用。在某一具体条款有模糊之处时，应运用演绎方法，并综合其他法理及案例，作出最恰当的诠释。通过推导，可以明确规定中的各种不确定因素，从而保证对各种案例的正确适用。比如，在一些比较复杂的商事争议中，契约条款的具体细节并不清楚，此时，由法官运用演绎推理方法，将具体案例与公平、诚实信用原则等法学的根本原则相融合，就可以为案情寻找到最佳的司法解释，为案情作出清晰的司法指引。在法律系统的诠释过程中，法律的理论分析往往需要了解法律条文中所规定的目的、意图和基本原理，而演绎推理则是由法律的一般性原理，一步一步地推出可应用于该案件的特定法律规范。比如，如果一国民法中有一条关于"遗产的法定继承应当按照遗嘱人的明示意志来进行"的话，那么在有关的继承案例中，法官就可以运用演绎的方法与原则相融合，对遗嘱进行深入的剖析，进而判定其法律效果。

在现实的审判过程中，立法并不能面面俱到，特别是当遇到一些新的问题时，现行的立法还会有所欠缺。演绎可以协助法官根据法学的基础原则，进行可扩展的适用。比如，网络科技飞速发展，在涉及网络平台和数据保护等方面的问题时，现行的法规很难全面地适用。根据已有的立法规定和有关惯例，运用演绎推理方法，对新出现的问题作出相应的处理。在不断变化的社会环境中，法具有很强的弹性，可以为不断出现的新问题作出理性的回答。演绎在司法实践中发挥着极其重要的作用，其作用主要表现为：既有助于判断法律规范的适用范围，又可使其适用于纷繁复杂的社会生活。演绎推理不仅要从现有的法学文献中寻求解答，而且要深入了解并运用于具体案例中。既表现出法的严谨，又表现出司法的睿智和正义。

（三）演绎的缺陷

1. 法律条文的模糊性

当法规文本中有一些含糊不清的地方时，就会出现难以得出精确的结论，甚至出现差异的情况。法规条款的模糊常常来自条款的不确切、范围的不确定或者是语言上的歧义，这对司法实务中的法律应用有着直接的影响，会造成不同的法官对相同条款的理解产生分歧。虽然法律文本是一种规范的文书，它的文字应尽量做到简洁，但是因为它所涵盖的内容非常繁杂，所以在表达时不可避免地会出现一些含糊不清的现象。例如，"正当的时机""公正的行动"等词汇，由于具有一定的主观性和语境的依存性，很难形成一个统一的诠释。当法官依靠演绎的方法来确定一个含糊不清的条款是否适用于一个特定的案例时，就会面临着理解上的困境。虽然司法人员按照"演绎"的逻辑进行，但由于人们对法律的认识不同，其判决的结论也会出现一定程度的偏离。比如，在相同条款下，有些法官会将"合理期间"视为一段特定时期，而其他法官则会视案情而定，这种分歧会造成判决的不同。

立法条款的模棱两可，可能是由于条款没有对一些情况作出清楚的说明或者没有包括全部的情况。在立法过程中，很多法规仅对其基本原理及适用范围作出了笼统的界定，而并未对其进行详细的说明与应用。由于其具有的模糊性，所以演绎过程不能仅仅依靠文本来作出确定性的判决。例如，很多法规都有"公平"和"正当"两种准则，但是在何种情形下才算公平以及怎样才算正当，这些条款都没有给出一个完整的准则。法官在进行演绎的时候，不仅要根据已有的法律规定，还要参照判例、法律原则以及法律的精神，这样就会造成不同的法官根据自己的法律观念、社会背景或者案件的特征而作出不同的诠释。立法的模糊，既有文字的模糊，也有立法的矛盾。对于一些比较复杂的案例，由于其所包含的多个条款分属不同的系统，往往会发生某些条款的抵触。由于司法实践中往往要依据案件的不同来确定法律条文的适用，因此即便个别法条与本案更为密切，但仍需由法院结合其他法条的内部逻辑进行解读，才能得出最佳的适用方法。法律条文之间的歧义性会给司法机关的裁判带来各种困难。

立法规定的模糊，既有法治发展的原因，也由社会实践的变迁所致。随着社会经济和科技的不断发展，原有的规定已经不能满足现实中的新需要。比如，网络隐私和数据保护方面的一些规定没有跟上科技的发展，造成了一些条款的模糊。如果法规文本内容含糊，或者有不同的诠释可能性，则会对演绎结果的精确性与合法性造成影响。法官在作出判决时，除了要依靠演绎推理之外，还要从法律原则、社会价值、判例和法律的分析等多个角度来进行评判。同时，为解决法规条款不明确造成的问题，需要加强对法规条款的澄清与规范，以减少其造成的歧义和误解。

2. 规则的适用性

在演绎推理中，如何运用规则是一个重要的问题。特别是在一些比较复杂的案例中，往往存在着相互矛盾或者重合的情况，这就要求法官在进行演绎时，既要对单个条款进行解释，又要协调各种规范间的联系。司法实践中，由于各种原则的运用往往会引起一些法律上的矛盾，从而使法官对个案进行取舍时往往得不到确切的结果。尤其是在一些案例中，出现了许多不同的部门法之间的矛盾。在许多复杂的案例中，往往存在着不同的法条，而不同的法条之间又存在着相互矛盾的情况。例如，当一宗案子牵涉两种不同的司法制度（一种是国内法，一种是国际公约）时，往往会出现条款之间的矛盾或者理解上的分歧。比如，在一个国际贸易纠纷中，国际惯例和国内法的一些具体规定是不同的，这就要求法官在这两个方面作出抉择。尽管可以根据法律的规定来进行推断，但是，由于不同的规范存在着一定的矛盾，从而增加了法官的判决难度。法官要根据案件的情况、相关的先例和法律准则对这种矛盾进行调和。

在运用多种法律规范时，法官除了要比较法律条款与法律事实是否相符外，还要根据法律规定的先后次序进行判断。有些法定规定可以排在第一位，有些可以起到补充性作用。司法机关的判断并非只是一种形式的演绎，更多地要求对各种规范进行权衡。由于案情的特殊性以及所涉的法律范围的不同，司法实践中对这些规定的运用也会发生变化，因此，司法机关必须在这些原则中寻求最优的应用途径。笔者认为，“演绎”的逻辑推理并不只是一种简单的“线性推论”，它是一种具有一定的“动态调整”功能的“逻辑”。另外，各国立法制度的差别也反映了我国现行法规的适用问题。当今世界全球化趋势不断加强，各国的法律制度之间的矛盾也日益凸显。传统的演绎推理方法面临着更加困难的问题，尤其是在国际商事争议、国际民事诉讼以及人权保障等方面，需要在司法实践中进行有效的协调。比如，有些国家的立法对某种特定的行动作出了比较宽泛的界定，而另一些国家的立法却有更严厉的规定。司法实践中，法官需要运用演绎推理方法对其进行取舍，并从中选出与案情实质最为吻合的法律原则。司法实践中，对司法裁判的规范提出了更高的要求。

同时，也存在着对法规革新和解释的需要。在当前的经济形势下，网络环境下的隐私保护、人工智能领域的道德规范等新问题日益凸显。尽管演绎推理可以根据已有的法规进行推论，但是在新的时代环境与科技发展的情况下，法官常常要对既有的规定作出创新的诠释，或者在司法实践中提炼出新的应用准则。这一创新推断的进程并不完全依靠逻辑推理，它要求法官具有对社会发展规律的深刻理解，并能够根据实际情况对其进行适当调整。虽然演绎推理是一种逻辑严密、系统的推理方式，但当其在适用中遇到矛盾与不确定性时，裁判的判决难度加大。特别是在准则间存在重大矛盾的情况下，仅仅依靠演绎推理很难得到明确和统一的结论。在此情形下需要结合法律、案例和社会价值等多种要素进行全面的判断。但是，由于这样一种综合评判而产生的诸多的不确定因素，又是一个在司法实践中不容忽略的问题。

三、归纳与演绎的关系

（一）互为补充

归纳与演绎通常是互补的两种方法。归纳推理是从众多特定的案件中提炼出一般的法则或原理，并将其运用到实际案件中，以保证其在特定情况下的合理运用。在对同类案例进行审判的过程中，找出它们存在的一般规律，进而归纳出其所应遵循的法则。比如，在对合同争议的审理中，对合同的效力、履行和违约责任等问题进行了总结。这种制度是在长期的司法实践中逐步形成的。归纳推理的功能在于通过对案例进行剖析，提炼出一般意义上的法律准则，从而推动法治的不断进步与革新。但是，在实际案例中，演绎推理却扮演了一个很大的角色，就是把人们从经验中提炼出来的法则运用到个案中去。对于每个个案，法院都要结合案情，运用演绎推理来判定其是否与已经总结出来的法则相一致。比如，当法庭在审理违反合同的案件时，就会根据法律上的规定，对特定的违反合同的情况采用推论方法来判定当事人的行为是不是违反了《中华人民共和国合同法》的规定。这个程序保证了在特定情况下适当适用法律规定，从而保证了法官的裁判具有普遍意义且体现了个案的特殊性。

归纳和演绎的逻辑不是一种单纯的次序，它是一种互动的动态过程。而在此基础上，通过对具体案例的评判，对其进行验证与改进。在运用演绎法时，既要依靠原有的法则，又要注意到已存在的规律的缺陷，从而促进归纳的进一步发展。比如，如果法官意识到既有的法律规定不能全面覆盖一些复杂的情况时，就需要法官运用归纳的方法来概括新的规定，或者根据新的审判需要对已有的规则进行修正。由此，司法活动中，归纳与演绎两种逻辑形式构成了一种良性的、相互促进的关系。同时，也表现出了两种不同的思维方式，即“归纳”与“演绎”的互补关系。其中，归纳推理有助于法官在法学体系中建立对其规则的认识，而演绎推理保证了其在特定案例中的具体运用。针对有些法律规定比较含糊或者比较笼统的情况，法官可以利用演绎的方法，从特定的个案中寻找出最适合自己的方法，而且还可以从演绎中寻找出新的意义和存在的法律缺陷。演绎并不只是单纯地运用归纳的结论，它还是一种深入与拓展。同时，由于两者之间的互补作用，使其具有一定的弹性和适用能力。对于某些比较复杂的案例，归纳推理可以使司法机关在无明显规定的情形下，找到并发展出合适的法律原则。既可依循既往先例或法则，又可随着司法实务的发展与社会要求的改变而不断加以修正与改进。

（二）互相转换

法学理论研究中，归纳和演绎并非相互孤立，而是相互依存并可以相互转化的。特别是在疑难复杂的案例中，为了保证法律规范的正确适用，法官与律师常常要结合实际情况，灵活运用两种论证方法。其中，归纳与演绎两种方法的相互转化，不但提高了司法裁判的精度，而且使得司法裁判具有了灵活性、动态性。从逻辑上讲，我们可以从演绎中归纳结论。在审理较为复杂的个案时，往往首先由个案开始，运用现有的法理，由个案的实际情况归纳出一般的结论或原理。演绎推理实质上也是一种由一般向特殊的归纳推理。比如，在对商事契约纠纷的审判中，法官往往会根据既有的法规和先例，运用演绎推理方法对案件作出裁决。在个案中，当裁判准则还不够清晰时，就必须从特定的个案中推论出一条普遍的法则，此时，演绎推理便会转换为归纳，并由此衍生出新的法则或原理，以供日后对同类案件进行判定。这个发展历程体现出从演绎到归纳的转变，体现了司法实践中的灵活多变。

反之，在一定的情况下，归纳也能转化成演绎。归纳推理通常是通过对同类案件的大量审理，总结出一般规律或原理。法院在审理新的案例时，往往也会将其运用到其他具体案例中去，将归纳的结论转换成了演绎的前提，并由此导出了在特定案例中应用的方法。比如，在知识产权法中，对某一具体案例进行推导，得出结论，从而判定其是否属于侵权。归纳是概括出普遍的规律，而演绎又运用这些规律来判决个案。归纳与演绎两种推理不是独立的，它们之间有着密切的联系，互相依存。司法实践中，法官经常要结合案情对其进行合理的取舍与转化。比如，如果一项法规没有规定某个特定的范围，那么律师或者法官就必须通过大量的有关判例来总结出一些准则以适用于新的个案。但有些情况下，在运用规则时，必须考虑到个案的特殊性，通过归纳推理，可以推出一种新的方法或原理，此时，再运用演绎推理促进其发展。其中，归纳是对现有案例进行概括，从而得出一般的法律原理，而演绎推理保证了对特定案例的正确应用。

在对法律规范进行修正与更新的同时，也表现出了两者之间的相互转化。现实生活中，由于时代变迁，以及司法实务的进步，一些规定也有必要为适应新的社会要求而作出相应的调整。演绎推理并不只是运用现有的法则，它还可以激励人们去反思那些法则，并促进新法则的推导。比如，面对科技创新和网络治理等新问题，司法人员往往要借助推演的方式，并根据现实中的变化情况促进法规的修改，得出新的规定。在这一进程中，归纳与演绎两种推理方式相互转换，相互促进，推动了法学的发展和革新。对于一些复杂的案例，法官不但要从个案入手，运用推论方法作出判决，而且要有能力从众多相似案例中提取普遍的法则，为将来的判决提供指引。在此基础上对司法人员的素质提出了更高的要求，即既要有较强的法学基础，又要有较强的逻辑推理和实际工作经历。

第六节　法律论证与司法实践的结合

法律论证和司法实践是密切相连的，二者相辅相成，共同推动着法律的应用和发展。法律论证为司法实践提供理论依据，而司法实践又通过具体案件的裁决检验和完善法律论证。

一、法律论证为司法实践提供理论支持

法律论证的核心功能是为司法实践提供理论支持。在司法审判中，法官不仅依赖于现有的法律条文和判例，还需要通过法律论证的过程来明确法律适用的原则和规则。法律论证通过推理、解释和辩证分析，为法官提供了处理案件所需的法律框架。在许多复杂案件中，法律条文可能模糊或不完全，法官需要依靠法律论证的过程来填补法律的空白。例如，在判定合同是否有效时，法官可能需要依据归纳推理总结的原则来判断合同是否符合合法性要求，从而保障司法裁判的合理性和一致性。

二、司法实践对法律论证的检验与发展

司法实践为法律论证提供了现实的检验平台。在法院的具体裁判中，法官对案件事实的认定以及对法律规则的适用，实际上是对法律论证的验证。每个案例的判决都可以视为对法律理论的实际检验。通过这些案例的审理，法律论证不仅得到实际运用，而且也能够根据案件中的实际情况得到完善或调整。尤其是在涉及新的社会问题、科技发展和国际化趋势时，司法实践往往会发现法律论证中的不足，从而推动法律理论的发展和创新。在电子商务和网络犯罪等新兴领域，现有法律体系和理论难以完全适应新形势的需求。司法实践中的个案审理往往能揭示传统法律规则的局限性，促使法官在判决中借助法律论证进行新的法律解释，从而发展出适应新问题的法律原则和规则。

三、法律论证促进司法判决的透明与公正

法律论证的严谨性和透明性是确保司法判决公正的重要保障。法官的裁判往往依赖于法律论证的结构化思维。通过法律论证，法官可以详细地解释其判决理由，使其决策过程透明，并且能够给当事人和社会提供一个清晰的法律依据。良好的法律论证能够有效地避免裁判中的个人主观判断，确保判决符合法律规则的要求，并使判决结果具有合理性和公信力。尤其是在高层次的法律问题上，法律论证能够帮助法官深入剖析案件，逐步揭示出最符合社会正义的判决路径。在处理涉及人权、环境保护、公共利益等复杂案件时，法官必须依赖于严密的法律论证来平衡各种利益，确保判决的合理性和公正性。此时，法律论证不仅要求法官对法律条文进行解读，还要结合社会伦理、法律价值和历史背景，提供一个全面的判断框架。

四、司法实践反作用于法律论证的深化

司法实践的不断发展和案件的积累，使得法律论证能够更加深入和具体地指导实际问题的解决。在长期的法律实践中，法官对法律条文和法律理论的理解不断深化，从而推动法律论证的完善与进步。例如，随着大量案件的审理，判例法成为一个重要的法律资源。通过对判例的归纳与总结，法官能够根据以往

案例中使用的法律论证方法，进一步发展出新的司法标准和法律理论。这种从实践到理论的反馈机制，不仅丰富了法律论证的内涵，也使得法律理论能够更好地服务于司法实践。例如，法官在处理知识产权、劳动法等领域的案件时，可能会逐渐从个案中提炼出共性规则，这些规则形成了法律论证的新范式，并且影响到后续的判决和法律解释。

五、法律论证与司法实践的双向互动

法律论证与司法实践的结合不仅是单向的理论支持与实践验证，二者在不断互动中推动着法律体系的成熟与完善。司法实践不仅是对法律理论的检验，还是推动法律创新的源泉。法律论证不断为司法实践提供新的理论工具和方法。通过司法判决和案例积累，法律论证逐渐发展出更多元化的解读方式和理论框架，从而适应社会变化和法律发展的需求。这种双向互动，使得法律体系既具有稳定性，又能在实践中不断适应社会的发展。

第四章
法律论证框架

在法律论证时，首先需要明确论证的目标和法律规则的适用范围。法官或学者应从事实的认定出发，结合适用的法律条文，进行合理推理与分析。论证过程中，逻辑严密性和法理依据的充分性是评价其质量的重要标准。有效的法律论证不仅能够清晰地呈现法律解释的路径，还能体现出法律适用的公正性与透明度，因此，法律论证的框架设计必须兼具严谨性与灵活性。

第一节 法律论证的可接受性

法律论证的可接受性是指法律推理和论证过程中的结论、推理步骤、方法和依据在法学界、司法实践以及社会公众中的认可程度。它关系到法律规则和法律判断的有效性、合理性和公正性，是法律论证是否能被广泛接受并发挥应有作用的关键。

一、符合法律规范的合理性

一个论点能否被采纳，首先要看它的推论程序与现有的法律准则是否相一致。不管是特定的法规，还是司法解释和个案法的规定，都是法律推论的依据与指引。脱离了法律准则的论述不但没有应有的权威，而且会背离法的基本目的。所以，在法律论证时，一定要遵循现有的法律架构，并保证其合法性和合理性。法规是一种最根本的法律准则，它所确立的权利与责任、司法适用的准则，为法学理论的发展指明了道路与界限。法律的存在，不在于给予法官以一定的自由裁量权，而在于以明晰的规定规范行为，解决纠纷。司法实践中，当法学理论脱离了法条，忽视了法学的根本原理与规范时，司法裁判就会出现不公平现象。如果司法机关不能按照刑事立法中关于犯罪的具体内容来进行判断，那么，即便其判断结果与外界期望相吻合，也不会给行为人以充分的司法保护。同时，在对法律的运用上，对法律的论述起到了重要的引导作用。司法解释是指司法机关就某一法律条文所作出的明确的规定，一般是为了弥补条文中的漏洞或对含糊不清的内容作出解释。所以，在法学的论述中，如果能参照有关的司法解释，则可以对其具体的应用领域及内容进行精确掌握，不至于过于依靠表面上的解读而得出错误的判断。另外，在许多法学领域，特别是在判例制度方面，司法解释都有着举足轻重的地位。法院对同类案例的裁判，是对司法的指引，对司法实务的指导意义重大。通过对相似案件的研究，可以使法学理论的推导更为精确，并保证其不会与现有的司法实务相背离。

法学理论上的可接受性，并非只靠简单地援引现有的法律条文或司法解释即可。同时，也要注意法和社会之间的关系。法并非一成不变，而是要随社会、科技和文化的变迁而不断地进行调适。在这一过程中,对现有法的合理诠释与扩展是必要的。法官既要遵守既有的法规,又要保证该法规符合新的社会需要。如果法学理论只局限于对现有规定的机械地运用,忽略了社会实际的发展,将造成我国法学在实践中的滞后,从而影响到法的权威与公平。法的合理性也要从法的内部连贯性出发,不同类型的法律规范有其内在的逻辑联系。一个好的法律论证必须建立在保证法的内部一致性之上。例如,民法典中的合同自由与劳动法中的保障制度之间存在着一定的矛盾,在实践中,如何把握二者之间的关系是司法实践中必须面对的一个重大课题。在司法实践中,若未能正确把握各条文间的相互联系,则会产生矛盾的结论,从而使法官的判断难以被采纳。所以,法官们在进行法律论证时,除了要严格按照单个条款的文字含义来判断,还要考虑到整个法制系统的内部协调。同时,法律论证的合理性又决定了它必须在现有的法律体系中展开论证,而不能与法制实际相背离。司法实务中,法官、律师及学者往往会面对较为复杂的司法情形与特定的问题。一个好的法律论证应该是可以将个案的真实情况与现有的法律体系相联系,对其作出动态的调节与诠释,以保证其在实践中的合理性。在一些经济刑事案例中,如果仅仅依靠法律条款来推断,就有可能忽略了具体的社会经济和社会环境,从而不能真实地适用于越来越复杂的经济犯罪情况。司法裁判必须走出单个条款的范围,在司法实践中不断进行理性阐释和改革,以保证司法裁判与时俱进,适应时代发展的要求。

二、论证方法的透明性与严密性

法律论证的可接受性不仅仅依赖于结论是否合理,还在于推理过程是否具备透明性和严密性。透明性指的是推理过程清晰、可追溯,能够让受众明白每个论证步骤是如何展开的;严密性则要求推理过程逻辑上严谨、无漏洞,能够在每个环节都站得住脚。当法律论证的方法不透明,或者推理过程存在逻辑上的漏洞时,其结论就很难被广泛接受。因此,法律论证的透明性与严密性在决定其可接受性方面起着至关重要的作用。法律论证的透明性是指推理过程中每个步骤的呈现都应清晰明了,受众能够跟随论证者的思路逐步理解其推理逻辑。法律推理的过程,尤其是在复杂案件中,往往涉及多个证据的分析、不同法律条文的适用以及法律原则的平衡。若推理者没有清晰地展现出每一步的分析和选择,受众将很难理解推理的合理性,从而削弱其对结论的信任。透明的论证方法要求法官、律师或其他法律专家能够清楚地说明他们在推理过程中所依据的证据、法律条文以及相关司法解释，并展示如何从这些依据出发得出结论。在判决一个案件时，法官不仅要引用相关法律条文，还应当具体说明哪些证据是被采纳的，如何从这些证据推导出最终的结论。若这些步骤不透明，判决结果容易被质疑其公正性，甚至可能影响司法的公信力。

法律推理本质上是一种推导过程，其严密性要求每一环节都必须符合逻辑规则，确保从一个合理的起点出发，经过严谨的步骤最终得出结论。法律论证不是主观臆断，而是必须依照事实和法律进行推理。如果推理的某个步骤缺乏逻辑上的严密性，结论便难以站得住脚。如果法官在推理时未能充分考虑所有证据，或者忽略了某些可能导致结论改变的重要因素，就有可能导致不公正的裁决。因此，严密的推理不仅是法律论证的基本要求，也保障了法律适用的公正性和合理性。法律推理者可能出于某种目的，有意隐瞒论证过程中的某些步骤，或以某些不正当方式得出结论。若法律推理缺乏透明性和严密性，论证者可能会有机会通过操控证据、歪曲法律条文等方式来得出符合自身利益的结论。这不仅违背了法治精神，也可能损害司法的公正性与合法性。透明的论证过程要求法律推理者必须清晰披露所有信息，使得各方能够对推理过程进行监督，防止任何形式的操控和不当影响。而严密的推理方法则能够确保每个步骤都经得起检验，避免任何试图通过不正当手段得出的结论。可以说，透明和严密的推理方法为法律论证提供了自我保护机制，保障了司法判决的公正性。

法律论证的透明性与严密性对于不同群体的理解和信服具有至关重要的影响。对于专业人士如律师、法官等，清晰且严密的推理能够帮助他们理解案件的核心问题及法律适用的正确性。而对于普通民众来说，透明的论证方法有助于他们对司法判决产生信任。如果法律推理过程复杂且模糊不清，即使最终的结论可能符合某些法律规范，也很难被普通公众所接受。司法裁判的公信力不仅来自其结论的合法性，更来自推理过程的公开与透明。当法律论证的推理过程严密且具有透明度时，受众能够理解这一过程，也能够信任最终的法律判断。因此，法律论证的透明性和严密性不仅是推理合理性的体现，也直接影响到结论的可接受性。只有在推理过程公开透明、逻辑严谨的情况下，法律论证才能赢得广泛的认可和信任。而这也要求法律从业者在进行法律推理时，始终保持高度的责任感和专业性，避免不当手段的使用，确保每一个法律结论都能经得起公众的审视和社会的检验。

三、法律价值与社会认同的契合性

法律论证的可接受性不仅仅建立在法律条文的适用和司法解释的遵循上，它还深深植根于社会公众对法律价值的认同之中。法律的最终目的是维护公共秩序与公共利益，而这些秩序和利益不仅仅是法律文本所规定的，它们还是社会普遍认同的道德观念和伦理标准。只有当法律的推理与社会认同的价值观相一致，法律结论才能真正获得广泛的接受。若法律判断或推理的结果与社会大众的价值认同相悖，即使从严格的法律条文角度看是合理的，依然可能因为缺乏社会认同而不被接受或引起大众强烈的反感，进而影响法律的执行力和权威性。法律的权威性建立在其与社会秩序和价值观的契合上。法治不仅是通过法律文本的规定来实现社会管理，更重要的是法律必须反映和维护社会的核心价值和道德规范。如果某个法律判断偏离了社会的基本价值观，它就可能被视为脱离社会现实，进而导致对其合法性的质疑。在涉及人权、平等权和社会正义等敏感问题时，法院的判决不仅需要严格遵循法律条文，还应当考虑到社会对这些问题的普遍认同和道德感知。若法律结论明显与社会普遍认同的道德观相违背，虽然它从法理上有其合理性，却可能遭遇公众的不满和反对，进而影响司法系统的整体公信力。法律不仅仅是一套抽象的规则，它的形成和执行离不开社会的历史文化土壤。在不同的历史背景下，法律的内容和适用方式都会有所不同。比如，近年来在全球范围内，随着社会对性别平等、少数群体权益以及环境保护的高度关注，许多国家的法律不断做出调整，以符合时代的发展要求。如果法律裁判没有及时反映出社会在这些问题上的价值认同，可能会导致“法律滞后”的现象，进而影响法律的社会效应和可接受性。尤其是在涉及伦理和道德边界的案件中，法律论证需要密切关注社会的普遍价值，确保法律裁决能够顺应社会的进步和变化。

法律制定和实施的最终目的是实现公共利益的最大化，而这一利益不仅仅包括经济利益，还包括社会公平、公正和平等等道德追求。因此，法律论证需要时刻关注公共利益与社会认同。比如，在环境保护、社会福利、教育资源分配等领域，法律论证不仅要考虑条文的适用，还要确保这些法律措施能够符合社会对公正的普遍期待，维护社会大众的根本利益。若某个法律论证的结论忽视了这些公共利益，或与社会的普遍期望不符，即使在法理上没有错误，也可能导致法律决策缺乏公众支持，甚至成为社会不满的焦点。法律是一种社会契约，它的效力不仅仅来自权威的强制力，还来自社会成员对其合法性的认同。当法律判断和推理符合社会普遍的伦理道德时，公众就会主动遵守并支持法律的实施。相反，如果法律与社会的基本认知和伦理观念发生冲突，可能会导致法律的适用遭遇阻力，甚至会在社会上造成“司法不公”的现象，从而削弱法律的执行力。在一些道德上有争议的法律领域，如安乐死、堕胎等，法律的判决往往需要仔细考量社会公众对这些问题的认同和道德观点，只有当法律裁判与社会对这些问题的核心态度相符时，才容易被社会所接受。法律的有效性不仅需要法律论证符合现行的法律条文，还要其能够回应社会对公正、平等、自由等基本价值的呼声。如果法律论证无法体现这些基本价值，尤其是在涉及道德争议的情况下，法律结论就可能成为社会分裂和对立的根源。某些法律改革，如同性婚姻合法化或宽松的堕胎政策，在某些文化背景下可能遭遇强烈的社会抵制。尽管这些改革在法律上具有合理性，并符合现代社会对个体自由和权利的认识，但如果它们与某些社会群体的传统观念或宗教信仰发生冲突，那么这些法律改革就会受到挑战。此时，法律论证必须在尊重多元价值的基础上进行，以确保法律决策能够兼顾社会各阶层的需求和期望，从而获得更广泛的认同。

四、司法公正与权利保障的符合性

法律论证的可接受性不仅体现在论证过程应符合法律条文和社会价值，还体现在论证结论必须充分遵循司法公正与权利保障的核心原则。司法公正是法治社会的根本，任何法律论证都必须确保在推理过程中不侵犯当事人的基本权利，并且在所有司法活动中体现公平、公正的司法原则。法律推理过程中，法院应当以公正和客观的标准来评判案件事实、评价证据，并保障当事人的合法权益。只有在这样的框架下，法律论证的结论才能真正得到社会和当事人的认可。司法公正要求法院在进行法律论证时，必须做到事实清楚、证据充分。法官的首要任务是确保证据的合法性与合规性，同时根据事实对证据进行合理的评估。如果证据存在不合法或不充分的情况，法院在论证过程中便无法得出公正的结论。对于刑事案件中的被告人，法院必须遵循无罪推定原则，即在没有确凿证据的情况下，不应做出定罪结论。这种严谨的推理不仅能够确保判决的合法性，还能维护社会对司法公正的信任。如果法院在没有足够证据的情况下定罪，或者忽视对有利证据的考虑，那么即使法律文书上没有明显错误，判决也可能受到社会公众的质疑，因为它未能确保被告人的基本权利得到保障。法律制度的根本使命之一便是保障个体的基本权利，无论是在刑事案件中，还是在民事、行政案件中，法律论证都必须时刻考虑到各方当事人的合法权益。法官需要确保当事人在庭审中能够充分表达自己的意见、提出证据，并且在整个过程中不受不当干预。法院应通过充分听取各方证据和陈述，确保所有当事人的基本权利在案件审理中获得实现。若法院在论证过程中忽略了对权利的保障，或存在倾向性地偏袒某一方的情形，这种不公正的行为将会导致司法判决失去公信力。若法院未能保障被告人的辩护权，或者没有为当事人提供足够的辩护机会，这就严重违背了司法公正和权利保障的基本要求。

权利保障的另一个方面是保障当事人在司法过程中拥有平等的地位。无论案件的当事人是谁，法院都应当提供平等的机会让各方陈述意见、提交证据。在一些经济案件中，若法院因为一方当事人的社会地位较高或者经济背景较强而对其提供更多的辩护机会，甚至在证据评价上给予倾斜，那么这一司法判决就会被认为不公正，并且很难获得当事人和社会的接受。在所有法律论证中，平等的权利保障不仅是基本法律要求，更是确保司法公正和维护法律权威的必要条件。法律论证必须综合考虑案件的特殊性，合理平衡个体权利与社会公共利益之间的关系。在一些特定领域，如反恐、公共安全等案件中，法院在保障个体基本权利的同时，也必须兼顾社会安全和公共利益。法律论证不仅要依据现有的法律条文，还要审慎考量如何在保障个体权利的前提下，维护社会整体的安全和秩序。在这种复杂的权衡中，法院的法律论证必须做到公平、合理，确保结论既不侵犯当事人的基本权利，也能够最大限度地保障社会的公共利益。

五、论证结论的合理性与可操作性

法律论证的可接受性不仅依赖于推理过程的逻辑性和合理性，还要考量论证结论的实际可操作性。法律不仅是一套抽象的理论体系，它还直接影响着个体的行为和社会的秩序。因此，一个合理且具有可操作性的法律论证结论是至关重要的。如果法律论证的结论缺乏明确的操作性，或无法在实际中得以有效执行，那么这一结论不仅难以产生预期的社会效应，反而可能导致法律实施中的混乱和不公，进一步削弱法律的公信力。法律论证的可接受性，最终需要归结到其结论是否能够有效地指导实际的法律适用和社会行为的规范。法院的判决需要明确指出如何适用法律规范来解决具体案件。如果法律论证的结论缺乏清晰的操作性指导，判决的执行就会变得模糊不清。法院不仅要指出被告人是否有罪，还应当明确判决的具体执行方式，如刑期的长短、罚金的金额等。如果法院在判决中没有对执行过程进行详细规定，或给出了不明确的结论，那么即便判决本身从法理上是成立的，也难以产生实际效果，且可能导致执行过程中产生争议。明确的操作性是法律结论得以顺利实施的前提。法律论证的结论必须具备可操作性，意味着它不仅仅要符合抽象的法律条文，还应当能够在具体案件中得出可行的执行方案。法律的真正价值在于它的执行力，而这一执行力来源于法律结论的实际可操作性。法院需要根据案件的具体情况，明确判决的执行方式，如赔偿金额的确定、赔偿方式的安排等。如果法院的论证没有给出一个明确的赔偿标准，或者裁决过于模糊，执行方可能难以顺利实施，导致判决无法有效解决当事人的纠纷。因此，法律论证的结论不仅要符合理论要求，更应能够具体落实到案件的每一个执行环节。

法律论证的结论如果不具备可操作性，还可能带来法律适用中的混乱。法律适用的核心是要通过判决或行政裁定来实现社会的秩序和正义。如果结论含糊不清，或者无法给出具体的行动指引，司法机关及执法部门可能会在执行过程中产生不同的理解和执行标准，这就可能导致法律适用中出现混乱。法院的判决涉及多个法律条文、各方权利的平衡等因素，若没有一个清晰可操作的结论，法律的适用将显得零散且不一致。例如，在复杂的企业破产案件中，法院需要明确如何分配企业资产、如何执行债务清偿等，这些具体的操作问题如果没有在判决中明确规定，可能导致债权人的权益受损，甚至影响整个市场的稳定。法律的条文可能并不能直接解决某些具体的案件问题，此时法律论证的结论需要具备一定的灵活性，能够依据案件的具体情况和司法原则，提出可操作的解决方案。如法院在处理民间借贷案件时，可能面临多个因素的交织，包括双方的合同条款、双方的资金状况以及债务履行的具体情况。此时，法院的判决不仅需要依据相关法律条文，还应结合实际情况，提出合理的债务清偿安排，并在结论中具体说明操作步骤，以避免造成执行过程中的困扰。灵活的司法结论能够在保障法律权威的同时，也为案件的解决提供可行的路径。许多法律规范在理论上可能是完备的，但在具体应用时却因为缺乏实践指导性而难以实施。特别是在一些新兴领域，如数字经济、人工智能等，法律的适用面临许多未知的挑战。法律论证的结论不仅要具有理论的正确性，还必须能够适应快速发展的社会实践。司法机关在此类领域的判决，不仅要紧跟技术进步，还需要为相关法律条文的具体应用提供明确的指导，确保社会各方能够根据法律结论正确处理问题。

六、法官与法律从业者的专业判断与权威性

法律论证不仅仅是对法律条文的简单适用，更是一种复杂的思维过程，涉及案件的具体背景、社会环境以及法律适用的实际问题。因此，经验丰富、具有高度法律素养的法官在进行法律论证时，能够从多维度进行综合考量，给出更具深度与广度的法律判断，从而提高论证结论的公信力和可接受性。法律不是一成不变的，它随时可能随着社会的变迁、司法解释的变化以及法律理论的更新而调整。法官不仅需要熟悉现有的法律条文，还要具备在复杂案件中应用法律条文的能力。许多案件涉及法律条文不明确或存在多重解释的情形，这时法官的专业判断尤为重要。一个具有丰富经验的法官能够结合案件的具体情况，合理运用法律原则和前沿判例，通过细致的推理给出一个切实可行的法律结论。这种经验和素养的积累，使得法官的判断更加稳妥和权威，最终提升法律论证的可接受性。法律不仅是静态的条文，它始终与社会的实际情况密切相连。一个良好的法律判断不仅要遵循法律规则，还应当能够应对不断变化的社会问题与复杂的现实情况。在处理涉及新兴领域如网络犯罪、知识产权纠纷等案件时，法官需要对相关的社会背景和技术发展有深刻的理解，才能做出合乎时宜的裁决。在这些案件中，法官的判断不仅依赖于法律条文，还需要结合社会现状、技术发展以及经济状况等多个因素进行综合分析。只有这样，法院做出的判决才更符合时代需求，能够为社会提供实际的法律指导。

证据是法律论证的重要基础，而如何评估证据的合法性、真实性和关联性，往往决定了判决的正确性。法官必须对证据进行细致的审查和全面的分析，这不仅要求法官具备扎实的法律基础，还要求其具备较强的逻辑思维能力和判断力。法官必须对证据链的完整性、证据之间的相互关系及证人证言的可靠性进行深入分析，确保判决不受到错误证据或虚假证言的干扰。这种专业判断能力使法官的法律论证结论更具说服力和权威性。法律从业者，尤其是法官，其判断不仅要依据法律规定，还需要体现社会公正和伦理道德的要求。一个公正无私、依法办事的法官，能够通过高水平的法律判断来展示其专业素养和判断力，从而提升法律论证的可信度与权威性。法官的权威性不仅来自其个人能力，也来自司法机关的公信力。法官的判断和法律论证能够代表司法机关对案件的全面分析与公正裁决，具有深远的社会影响。司法机关和法官本身的公正性和透明度，是确保法律论证能够被社会广泛接受的基础。

律师、检察官等法律从业者在处理案件时,需要依赖法官的裁判标准和判断逻辑来制定策略和提供法律服务。因此,法官在法律论证中的权威性不仅影响当事人的案件结果,还影响着整个法律体系的运作。律师等法律从业者通过对法官判决的分析,能够更好地了解司法实践的趋势和判决的规则,从而改进自己的专业判断和法律服务。因此,法官的专业性和权威性对整个法律生态系统的良性运作具有重要作用。法官和法律从业者的专业判断不仅仅体现在案件的审理过程中,还在于他们对法律原则和社会公正的深刻理解。在复杂案件中,尤其是在道德与法律、公共利益与个体权利发生冲突时,法官的判断能够平衡各方利益,保障法律的公平与正义。法官需要依托丰富的法律理论和社会经验,结合具体案例做出判断,体现司法的智慧。在涉及伦理道德的案件中,如安乐死、堕胎等,法官需要对社会大众的道德观念有足够的敏感性,同时确保判决符合现行法律的基本原则。法官的这种综合能力,不仅能够确保法律结论的正确性,也有助于增强公众对司法系统的信任。

七、论证的反思性和自我修正能力

法律论证的可接受性不仅仅取决于论证在当前法律框架和社会背景下的适应性,还体现在其具备的反思性和自我修正能力。法律并非一成不变,它随着社会的发展、法律规则的变化以及司法实践的深入不断演进。因此,法律论证的反思性和自我修正能力显得尤为重要。一个具有反思性的法律论证能够及时发现论证中的缺陷和不足,并能够根据新的社会需求、法律条文的变化或司法实践的经验进行调整。这种动态的自我修正能力,不仅可以避免法律论证在实践中的僵化,也能够增强其长期的可接受性。在法律适用的过程中,任何判决和法律推理都不可避免地受到社会背景、司法环境和法律规定等多重因素的影响。而这些因素是动态变化的,随着社会的发展和科技的进步,法律框架和适用规则也会随之调整。因此,法律论证必须具备反思性,即能够识别并审视当前的法律论证是否符合最新的社会需求和法治实践。随着信息技术的飞速发展,新的社会问题和法律挑战不断涌现,这就要求法律论证能够反思当前法律制度的局限性,并对新兴问题提出切实可行的解决方案。法律从业者不仅需要根据现有的法律条文做出判断,还要具备对法律理论进行批判性分析的能力,以便及时发现法律适用中的盲点,并做出相应的调整。

自我修正不仅意味着能够发现并纠正错误,还涉及如何在法律发展过程中不断完善和补充法律理论。法律规则和司法解释常常随着社会的变革和案件的实际发展而发生变化，这要求法律论证具有灵活性，能够根据法律新规则或新解释进行自我调整。例如，随着对未成年人犯罪处理方式的不断探索，许多国家和地区的法律都在不断修正未成年犯罪的处理程序和刑罚尺度，以实现更符合人性化和社会需要的司法判断。法律论证的反思性和自我修正能力不仅确保了法律论证结果的准确性，还能够避免法律滞后于社会发展，提升其适应力和生命力。此外，法律论证的反思性和自我修正能力能够有效避免法律适用中的偏差和不公。法律适用的过程本质上是一个价值判断的过程，而这种判断有时会受到固有观念、个人偏见或社会背景等因素的影响。如果缺乏必要的反思性，法律论证的结论可能会停留在表面，未能真正对社会问题进行深入分析，甚至可能导致错误的判决和不公正的司法结果。相反，具备自我修正能力的法律论证能够通过持续的反思和调整，及时识别不当的法律解释和不公正的司法实践，并通过法律的进一步完善来消除这些偏差。近年来，关于平等保护与反歧视的法律论证不断被推进，尤其是在性别、民族等领域，传统的法律理论可能无法完全适应现代社会对平等与公平的更高要求。通过对这些法律理论的反思和修正，法律论证能够与时俱进，确保社会中的每个成员都能够在法律面前享有平等的权利和尊严。

法律论证的自我修正能力不仅仅体现在个别案件的司法判断中，也涉及法律理论的长期发展。在一个不断变化的社会中，单一的法律条文和固定的法律理论无法应对日新月异的社会问题。因此，法律需要具备自我修正能力，并结合广泛的学术讨论、司法实践的反思和社会需求的变化作出调整。随着全球化进程的推进，传统的国内法律体系可能面临新的挑战，尤其是在跨国争端、国际经济合作、跨境数据流动等问题上。此时，法律论证不仅要依赖传统的法律理论和司法经验，还要能够借鉴国际上新的法律实践和理论成果。通过这样的自我修正和更新，法律论证能够在面对新的法律问题时提供更加切实有效的解决方案。此外，法律论证的反思性和自我修正能力还能够促进法律和社会的良性互动。法律不仅是规范个体行为的工具，它的目标是促进社会的公平与正义。如果法律论证仅仅停留在形式化的规则适用上，而缺乏对社会实践和社会需求的反思，那么它将难以发挥应有的效能。社会变革往往伴随着新的社会问题的出现，这些问题可能无法通过传统的法律理论和规则来有效解决。法律论证的反思性使得法律能够在社会变革中自我调适，从而更好地应对新的挑战。例如，随着社会对环境保护的关注日益增加，许多国家的环保法律开始进行修订，法律论证在这一过程中发挥了重要作用，通过反思性分析和自我修正，推动了环保法律的创新与完善。

第二节　法律论证的结构性要素

事实是论证的基础，必须准确无误地陈述案件的背景和证据。法律规范是论证的核心，法律条文和司法解释为推理提供了框架。论证推理则是将事实与法律规范相结合的过程，逻辑推理在此环节中发挥重要作用。

一、事实要素

事实是法律论证的基础，是整个法律推理过程的根本出发点。没有准确的事实认定，法律论证就失去了其必要的前提和依据。所有的法律分析与判断都依赖于案件事实的清晰界定，因此，事实的认定对于保证司法公正、准确性以及法律适用的合理性至关重要。法律论证不仅仅是对法律条文的解释，还需要结合案件的实际情况进行具体分析，而这一切都必须基于清晰且客观的事实。事实要素的认定包括案件的背景、发生的事件、各方当事人的行为以及所有相关证据的整合和验证。法律论证要求对事实进行全面的还原和描述，任何遗漏或扭曲都会对论证的准确性和结论的公正性产生严重影响。准确的事实认定不仅能够提供法律适用的基础，还能帮助法律工作者从根本上理解案件的性质，为推理过程提供必要的材料。如果事实认定出现错误或偏差，任何法律规则的应用都会变得空洞和无效，甚至可能导致误判。在法庭上，法官必须根据证据来确认事实，而证据的真实性和关联性直接决定了事实认定的准确性。法官应尽力排除情感、偏见或外部因素的干扰，确保事实的呈现与案件的实际情况相符。因此，法律论证的过程要求在各方证据中寻找事实的支持，并确保这些事实是客观公正的，任何对事实的曲解或偏倚都会削弱论证的公信力。

法律规范是对特定行为或现象的规定，而事实则是规范适用的实际背景。通过对案件事实的认定，法律工作者能够将具体的行为与法律条文进行对接，从而确定是否存在法律上的违法行为。在侵权责任案件中，受害人是否受到了伤害、加害人的行为是否构成侵权以及伤害与侵权行为之间的因果关系，都是法律论证需要厘清的事实要素。如果这些事实没有得到妥善处理或得到错误认定，法律条文再明确也无法正确适用。事实不仅包括案件的具体发生经过，还需要对其中涉及的各方行为进行全面分析。多个事实要素可能相互交织，这就需要细致入微分析，以确定每一个行为或事件的法律后果。除了合同条款的明确规定，合同履行过程中的细节，如履行的时间、质量、双方的交流等，都是必须认定的事实，因为即使是微小的事实差异也可能导致判决的不同。事实要素的认定还涉及证人证言、物证以及专家意见等多种证据的综合运用。证据的收集与处理是事实认定过程中不可或缺的环节，任何证据的遗漏或处理不当，都可能影响对事实的判断。此时，法律工作者需要根据证据规则，合法有效地采集、保全、鉴定和评估证据，确保每一个证据环节的合法性与合理性。只有通过证据链条的完整构建，才能为事实认定提供强有力的支持，使论证过程不受漏洞影响。

法律论证中的事实认定也需考虑到事实的相关性和法律的适用范围。在案件中，某些事实可能与法律适用关系密切，而其他事实则可能并不直接影响判决结果。因此，合理筛选和提炼对案件有决定性影响的事实，是法律论证中的一项重要工作。法律论证者要有能力区分哪些事实是案件的关键因素，哪些是次要或无关的，以保证法律推理的针对性和高效性。事实的认定不仅仅是对过去发生的事件的描述，它还应当是一个动态的过程。案件在审理过程中可能会有新的事实浮出水面，或是新的证据被提出，这就要求法律工作者必须具备灵活应变的能力，在不断变化的事实基础上调整法律论证的方向和结论。无论案件的复杂程度如何，事实的认定始终是法律论证的起点，它决定了整个论证过程的合理性和公正性。

二、法律规范要素

法律规范是法律论证中的核心元素，它为论证提供了明确的指导原则和框架。在任何法律论证过程中，准确引用和适用法律规范是确保论证严谨性、合规性和公正性的基础。法律规范通常包括适用的法律条文、司法解释以及相关的法律原则，这些规范为案件的判决提供了明确的操作标准和依据。通过精确适用这些规范，法律工作者能够对案件做出合理、合法的判决，从而维护法治的尊严和司法的公平。法律条文是法律规范中最直接、最具体的部分，必须精确引用案件所涉及的具体法律条文。法律条文本身是国家或地区法律制度的基础性文件，它们规定了各种行为的合法与非法、权利与义务、责任与救济等，具有高度的规范性和约束力。通过引用相关的法律条文，法律论证可以在明确的法律框架内展开，确保结论的法律依据是稳定且具有普遍适用性的。特别是在复杂的案件中，明确引用法律条文能够帮助法官精确地锁定争议的焦点，消除歧义，避免法律适用的错误。由于法律条文往往存在一定的抽象性和广泛性，司法解释为其提供了具体的操作指引，有助于在实际判决中避免对法律条文的误解和偏差。因此，引用与案件相关的司法解释，能够增强法律论证的准确性和适用性，使之与实际法律实践相对接。

在一些特殊情况下，某些案件可能未能找到完全匹配的法律条文或司法解释，此时法律原则便成为指导法律论证的重要依据。法律原则作为法律的基本理念和普遍准则，对于解决法律空白、模糊地带以及矛盾性问题具有重要作用。公平正义、诚实信用、合理预期等基本原则，在司法实践中被广泛应用，以弥补法律条文的不足，确保法律的适用符合社会的基本价值和公众的合理期望。因此，法律论证不仅仅依赖于具体的条文和解释，还需要灵活运用法律原则来填补法律适用中的空白，确保判决的全面性与公正性。此外，法律规范的适用要具有时效性和地域性。必须考虑到法律条文和司法解释的时效性，因为随着社会的发展和变化，旧有的法律规定可能不再适用或需要修改。法律的解释和适用也往往受到地理区域的影响，不同司法管辖区内的法律条文、解释或原则可能存在差异。因此，法律论证者需要充分了解相关法律的最新变化，以及适用法律的地理范围，避免引入过时或无关的法律规范，从而导致错误的法律适用。

在具体实践中，法律规范的引证需要具有严谨性与精确性。法律条文、司法解释和法律原则的适用，并不是简单地引述某一条款或原则，而是需要结合案件的具体情况，分析其法律意义，明确其适用范围。错误的引证或引用不当都会直接影响到法律论证的结果，甚至可能导致不公正的判决。因此，法律论证者必须具备扎实的法律知识和敏锐的判断力，确保所引用的法律规范与案件的实际情况相匹配，能够有效指导案件的解决。同样，法律规范的适用应当具有系统性。单一条文的引用往往无法解决法律争议，更多的时候，法律论证者需要从多个法律条文、司法解释及原则中综合提炼出最为合理的适用路径。这就要求法律论证者在引用法律规范时，不仅要关注单独条文的适用，还要考虑不同法律规范之间的协调与配合，确保其在案件中的综合应用。此外，在多元化的法律体系中，法律论证需要面对国内法与国际法之间的关系。在一些涉及跨境事务的案件中，法律论证者需要综合考虑国内外法律体系的差异，以及国际条约和协议对案件的影响。国际法和国内法的交织可能会引发复杂的法律问题，这就要求法律工作者在论证过程中进行更为复杂的法律适用和分析，确保法律结论的全球适用性与本地合法性。

三、法律原则要素

在没有明确法律条文可依赖的情况下，法律原则为法律论证提供了必要的指导思想，帮助法官做出合理的法律判断和裁决。法律原则不仅具有强烈的规范性和普遍适用性，而且具有很强的理论和实践指导意义，是法律理论体系中的核心支柱。法律原则通常是基于社会公平正义的基本理念而提出的，它们反映了社会对正义、平等、自由等核心价值的追求。法律原则提供了应对模糊或未规定情境的基本规则。“公平正义原则”要求法律适用必须公正、不偏不倚，任何一方不得因其社会身份、财产状况、性别、民族等因素而受到歧视。当法律条文的具体规定难以涵盖某些具体情况时，法官可以借助公平正义原则来指导判断，确保裁决的公正性和合法性。法律原则的普遍性和抽象性使其能为许多不明确的法律情境提供应对方向，解决具体案件中的争议。法律条文的编制往往无法涵盖所有实际情况，特别是在法律制定时未能预见到的新型社会问题和法律冲突中，法律条文的适用可能受到制约。在民法中，诚实信用原则就是一个常被引用的原则。尽管民法典中未对每一情境做出明确规定，但诚实信用原则要求当事人在履行合同或行使权利时，必须本着诚实、守信的态度行事，这为法院裁判提供了较为宽泛的裁量空间，帮助解决法律条文无法直接适用的问题。

很多案件因涉及多方利益或多个法律领域，导致法律适用面临困难。如家庭暴力案件往往需要结合刑法与民法来解决，法院在判决时不仅要依照相关刑事条款处理犯罪行为，还应考虑到婚姻中对于家庭成员的保护规定。平等保护原则、家庭和睦原则以及对受害者的保护原则，可以为法官提供裁决方向，帮助他们在多重法律规范的交织中做出最合适的判决。在具体的司法过程中，法官可以根据案件的特殊性来调整适用的法律原则，尤其是在法律条文尚不明确或适用困难的情况下，法律原则提供了弹性空间。这种灵活性使得法律原则能够应对各种不断变化的社会现象和法律问题。在知识产权领域，随着科技的快速发展，许多新的技术和产品往往难以完全依照现有的知识产权法律条文进行判断，此时，创新原则或公正原则能够帮助法院在缺乏明确规定的情况下，做出与时代发展相符的合理判断。尽管法律条文提供了具体的操作标准，但法律原则常常充当解释条文和拓展法律适用范围的工具。在面对同一条文可能产生的不同理解时，法律原则为解释提供了理论依据。

随着全球化的推进，跨国案件日益增多，如何平衡不同国家的法律冲突成为一个亟待解决的问题。国际公认的法律原则如“和平解决争端原则”“平等原则”等，为国际法和国内法的对接提供了基础，使得国家间的法律冲突能够得到妥善处理。这些原则不仅能帮助国内法院在国际法和国内法之间找到平衡点，还能够推动全球法治的发展。当然，法律原则的运用也需要谨慎和适度。过度依赖抽象原则可能会导致法律适用过于宽泛，甚至产生不确定性，影响法律的稳定性和可预测性。因此，法律原则需要与具体的法律条文相结合，合理界定其适用范围和边界。法官在适用法律原则时，必须保持谨慎和理性，确保原则的适用既能保证社会的公平与正义，又不会导致法律的不确定性或滥用。

四、推理过程要素

推理是法律论证中的关键要素，它承担着将案件事实与法律规范有机结合的任务。通过严密的逻辑推理，法律工作者能够在事实的基础上合理地解释和适用相关法律规范，从而得出合乎逻辑的法律结论。推理的过程不仅是对法律条文和司法解释的应用，更是对案件事实的分析、法律原则的运用和法律规范的适用的整合。推理的严谨性直接决定了法律论证的公正性和有效性，因此，确保推理过程的逻辑性、清晰性和有效性至关重要。推理过程中的核心任务是将事实与法律规范连接起来。事实提供了法律应用的背景和基础，而法律规范则为判断提供了框架。推理的首要步骤是识别案件中的相关事实，明确哪些事实是关键性的，哪些是次要的。通过对事实的甄别和整理，论证者能够构建出一个有条理的事实框架。推理的任务是将这些事实与适用的法律条文进行对接。推理的过程实际上是一个从事实到法律规范的逻辑链条，任何环节的疏忽或偏差都可能导致推理失误，从而影响最终结论的正确性。法律推理是一种逻辑推导的过程，任何不符合逻辑的推理都可能导致错误的结论。因此，推理时必须遵循清晰、严谨的逻辑规则，确保每一步推理都有充分的证据和法律支持。逻辑的严谨性体现在几个方面：首先，推理的前提必须是明确且正确的，任何基于错误假设或不完整事实的推理都是无效的；其次，推理过程中的各个环节必须相互衔接，不能出现跳跃或断裂，否则论证的严密性将遭到破坏；最后，推理的结论必须直接源于事实和法律的结合，而不能脱离实际。通过遵循逻辑推理规则，论证者能够确保其结论的合理性和合法性。

法律推理不是依据法律条文进行机械式的应用，而是在具体案件中合理评估事实与法律的关系。推理者需要警惕各种逻辑谬误的出现，例如“因果倒置”或“过度推演”。“因果倒置”是指错误地将因果关系颠倒，导致结论与实际情况不符；“过度推演”则是将某一现象或结论过度扩展，以致偏离了案件的实际背景。避免这些逻辑谬误有助于确保推理的准确性，使结论能够真实反映案件的实际情况，而非片面或不完全解释。此外，推理过程还应考虑到证据的充分性和合理性。法律推理不仅依赖法律规范和条文，还依赖于案件事实的证据支撑。在推理过程中，证据的质量直接影响到推理的结果，因此，论证者应当对事实依据进行仔细分析，确保每一项证据的可靠性和相关性。通过合理的证据链条，推理过程能够得到有力支持，减少主观判断的干扰，确保结论的客观性。推理不仅是一个线性的过程，还应具备一定的反思和调整机制。随着案件事实的逐步明确和证据的进一步揭示，推理过程可能需要进行动态的调整。法律工作者需要根据新的事实或证据重新审视先前的推理路径，进行合理的修正或完善。这种反思性推理有助于不断优化论证过程，避免因一时的片面推断而产生错误结论。

法律条文可能存在模糊性或空白，法律原则便起到了补充作用。法律原则为推理过程提供了补充的理论依据。在道德和法律的冲突中，法院可能会依据诚实信用原则等核心法律原则对案件进行合理裁量，从而弥补法律条文的不足。因此，推理过程不是对已有法律规范的简单应用，而是一种结合具体案件特点进行灵活判断的过程。同时，推理过程中的各项假设也需要经过严密检验。假设推理是一种推导未知结论的方法，但其有效性依赖于假设本身的合理性。法律工作者在推理时，需要仔细考量假设的前提条件，确保其与案件事实及法律规范相符。任何偏离事实或过度假设的推理都可能带来不准确的法律结论。通过合理的推理，法律工作者能够明确法律适用的边界，找到事实与法律之间的最佳结合点。推理的结论不仅要在逻辑上成立，还应当与社会公平、正义原则相一致。法律工作者需要根据案件的具体情况和社会的基本价值观做出最终判定，从而确保判决结果不仅具有法律上的合理性，也具备社会认同感。

五、类比与对比要素

类比与对比是非常重要的推理方法，它们通过对相似案件或法律规范的比较与借鉴，帮助论证者合理推导出案件的法律结论。通过将当前案件与过去的类似案例或相关法律条文进行类比和对比，法律工作者能够更加清晰地解释法律规则的适用，进而扩展法律规则的适用范围，并使法律论证更具深度与层次。在没有明确法律规定或现有规定不足以解决案件时，类比和对比尤其能够发挥重要作用，为司法判断提供灵活的适用路径。类比推理是一种将类似事物进行对比，借鉴已有的法律经验和规则来推导出新结论的方法。类比推理的基本逻辑是基于相似性原理，即通过找出案件中的相似之处，推断出相应的法律结果。类比推理的应用非常广泛，尤其在面对法律空白或模糊地带时，类比推理能够填补空白，帮助法官做出符合公平正义原则的判决。如在处理某一新型合同纠纷时，法院可以将该纠纷与类似合同纠纷的裁判进行类比，从而找出合适的法律适用路径。类比推理不仅能够帮助解释具体的法律条文，也能够为新类型案件的处理提供指导。对比推理则是通过对比不同案件或不同法律条文的异同，来分析其相互关系和适用范围。与类比推理类似，对比推理强调在相似情境下找到适用法律规则的共性，但它更注重分析案件之间的差异。对比推理常常用来处理案件之间的区别，帮助法律从业者判断是否存在法律适用上的差异。通过对案件事实、法律背景及社会背景的对比，法官可以发现某些案件在某些方面可能有其特殊性，进而影响法律适用的方向。在判断刑法条文适用时，法院往往会对比案件中的行为性质、危害后果等因素，结合不同的法律规定做出更加精确的判断。

类比和对比推理的核心在于相似性与差异性之间的平衡。有效的类比推理需要确保相似性足够强，而对比推理则通过辨析不同点来揭示更加细致的法律适用问题。当处理两个具有相似事实情境的案件时，类比推理可以帮助判断是否适用相同的法律条文；但如果其中一个案件包含一些特殊的法律背景或社会情况，则可能需要通过对比推理来调整适用的法律规则。这两种推理方法的结合能够丰富法律论证的层次，使法律适用更加灵活和多元。通过对比不同案件，类比推理能够发现案件之间的相似之处，从而扩大法律规范的适用范围。当法律没有明确规定某种行为是否应受惩罚时，通过类比分析其他相似行为的处理方式，法官可以推导出相似行为应当适用相同的法律标准。类比推理不仅扩展了现有法律条文的适用性，还为法律体系的灵活性提供了保障，使得法律能够适应新的社会情况和发展需求。类比推理的成功依赖于案件间相似性分析的准确性。如果案件之间的相似性不足，类比推理可能导致错误的结论。此外，类比推理也容易受到主观因素的影响，尤其在某些敏感案件中，类比推理可能因为忽略了案件中的独特性而导致判决的不公。因此，法律工作者在运用类比推理时，需要特别注意案件间的差异，确保推理过程的严谨性和公正性。

对比推理则在揭示法律适用的界限和特殊性方面具有独特的优势。通过对比不同案件或法律条文的异同，法官能够发现某些案件在法律适用上存在的特殊情况，从而做出更为精准的裁判。在处理涉及特殊行业或领域的案件时，通过对比行业规定和普通法律规定，法院能够判断是否应当根据特定行业的规范进行裁决。对比推理帮助法律实践者避免“一刀切”适用法律，而是根据具体情境做出差异化的法律判定。类比与对比推理的有效结合，可以使法律结论更加深入、全面。类比推理为案件提供了借鉴和扩展的可能性，而对比推理则能使论证者充分考虑案件的独特性和复杂性。这两者的结合不仅能加强法律规则的适用深度，还能增进法律判断的公正性和精确性。此外，类比与对比推理也为法律发展提供了动力。通过类比与对比，法律工作者可以发现现有法律体系中的不足之处，进而推动法律条文的完善和发展。类比和对比推理能够揭示法律实践中可能存在的空白和漏洞，为法律改革和创新提供了必要的启示。

六、反驳与辩证要素

法律论证不仅是对自己立场的辩护，还必须考虑并回应可能的反对意见。有效的反驳与辩证思维不仅增强了论证的全面性和深度，更能提高论证的说服力和权威性。许多案件往往涉及复杂的法律问题，各方可能存在不同的解读和理解。论证者需要通过辩证分析，对反对意见进行合理反驳，从而确保论证结论的合理性和合规性。反驳与辩证是提升法律论证质量的关键要素。论证者常常面临来自对方当事人或其他法律主体的质疑与挑战，这些反对意见可能基于不同的法律解释、事实认定或法理推理，因此，论证者需要通过合理的反驳来回应这些质疑。反驳不仅要明确指出对方论点的不足和错误，还应通过充分的证据和逻辑推理展示其论点的漏洞。反驳能够帮助论证者巩固自己的立场，增强其观点的可信度。在反驳的过程中，论证者首先要确保对反对意见的准确理解。反驳的有效性依赖于对对方立场的全面把握，只有清晰地识别对方论点的核心问题，才能精准地进行反驳。如果反驳者误解了对方的论点或忽略了其内在逻辑，反驳可能会变得空洞和无力，反而削弱自身论证的说服力。因此，理解对方立场并准确抓住其漏洞，是反驳成功的第一步。

反驳不仅要有针对性，还要保持逻辑上的一致性和严谨性。逻辑上不严谨的反驳可能导致论证的混乱，从而影响到结论的公正性和准确性。一个有效的反驳通常包括对反对意见的分析、错误的揭示、事实的补充和法律条文的引用。在进行反驳时，必须有清晰的逻辑链条，每一步都要与论证的主体密切相关，确保推理过程不跳跃、不脱节。辩证思维强调对事物的全面分析和多维度思考，它要求论证者从不同角度对问题进行分析，权衡各种可能性，并最终得出最为合理的结论。辩证思维与反驳相辅相成，在面对反对意见时，辩证思维能够帮助论证者从更广泛的视角去审视争议点，进而形成更具深度的回应。辩证分析不仅要关注对立观点中的错误，还要识别其潜在的合理性，做到有针对性地回应，而不是简单地否定对方的观点。在某些法律争议中，不同立场的观点往往包含某些合理性或可以接受的部分，这时，论证者需要通过辩证的方式对其进行剖析，并对其中的正当性加以回应。对于那些既有合理部分又存在漏洞或偏差的论点，辩证思维能够帮助论证者更加理性地分辨其有效性与局限性。有效的辩证分析不仅能增强论证的深度，还能使反驳显得更为理性、客观和公正，从而提升论证的说服力。

反驳与辩证分析的过程中，需要充分依赖事实和证据。法律论证的最终目的是通过事实和证据来揭示案件的真相，并确保结论符合法律的规定与精神。在反驳的过程中必须通过对证据的严格审视，揭示对方论点中的事实错误或不充分之处。在回应对方的法律观点时，论证者应结合相关的司法解释和案例，确保反驳有充足的法律依据。通过对证据的强化，反驳不仅可以有效推翻对方的观点，还能确保论证的客观性和合法性。反驳与辩证思维也能够帮助法官在复杂的案件中做出更加公正的判断。法院往往需要根据辩论中的反驳和辩证分析来判断案件的合法性。有效的反驳和辩证分析能够帮助法院更好地厘清案件的事实与法律关系，明确各方争议的焦点，从而做出更加合乎法律精神的判决。在审理复杂的知识产权案件时，辩证思维能够帮助法院全面考量不同法律原则的适用，确保对法律争议的充分理解和公正处理。反驳与辩证分析还可以促进法律制度的完善。法律工作者通过反驳和辩证分析，不仅能够提升案件的处理质量，还能够揭示法律条文和司法实践中的潜在问题。通过对法律观点的辩证回应，法律实践者可以推动法律条文的修订和完善，使其更加符合社会发展的需求。通过辩证分析不同法律条文的适用,法律从业者能够揭示现有法规的滞后性,从而推动相关法律的修改和更新。

七、结论要素

结论是整个论证过程的最终结果,也是所有推理、分析和证据的汇总。它代表着法律论证的核心,直接回应了案件中的法律争议,并给出了具体的法律适用结论。结论不仅要求简洁明了,而且必须与之前的事实分析、法律规范的适用以及推理过程紧密衔接,确保整个论证的逻辑一致性与透明度。一个有效的结论能清楚地传达出案件的法律适用结果,为司法裁决提供明确的方向,同时也是体现法律论证严谨、可靠的关键所在。通过推理得出的结论,最终需要为案件提供一个清晰的法律适用结果。无论是对案件的判决、对法律责任的认定,还是对争议焦点的解释,结论都应该直截了当地回应这些问题。结论的准确性和明确性决定了法律适用的正确性,如果结论模糊或不清楚,可能导致整个论证的效果大打折扣。因此,结论应当避免不必要的复杂性,力求在简洁中表达出对案件问题的清晰回答。此外,结论必须建立在前述事实分析、法律规范适用及推理过程的基础上,确保逻辑一致性。一个有效的法律结论不仅是基于对事实的清晰认定和法律规范的准确引用,还需要通过合理的推理将这些要素有机结合。结论的形成过程是整个法律论证的最后一环,所有的推理和分析都应当指向最终的结论,确保结论与事实及法律规定的一致性。如果结论与前述的事实分析或法律适用相冲突,论证的说服力和权威性将大大降低。因此,在结论形成时,必须严格确保前后逻辑的统一,避免任何漏洞或偏差。

法律结论不仅要符合案件的具体情况,还应当符合普遍的法律原则和司法标准。结论的制定不仅是对个别案件的回答,更是对法律适用原则的体现。结论可能涉及对多个法律条文或不同法律原则的综合适用,因此,结论的形成过程也应体现出对这些原则的平衡和考量。有效的结论要能够在尊重事实的基础上,合理运用法律规范,并符合司法实践的要求,从而保证法律适用的公正性和合理性。结论还应当能够应对可能的法律挑战或反驳,展现出其合理性和合法性。即使结论已经形成,论证者仍需要考虑到对方可能提出的不同意见或挑战。结论可能会受到质疑,特别是在法律规定不明确或案件具有较大争议时。因此,结论不仅要明确表达最终的法律适用结果,还应能够自洽地解释为何做出这一结论。有效的结论能够充分应对这些质疑,展示出对不同观点的包容性和辩证性，并通过清晰的法律逻辑回应反对意见，使其更加坚实和有说服力。结论不仅仅是对特定案件的处理，更具有普遍的参考价值。特别是对于法律适用具有一定普遍性或先例性质的案件，结论可能为类似案件提供一定的指导作用。因此，结论应当清楚地阐明法律适用的原则和标准，以便为未来的类似案件提供参考。这不仅体现了法律的稳定性，也有助于推动法律体系的完善与发展。

一个严谨且合理的结论往往可以提升法律论证的权威性和说服力。在司法审判和法律解释的过程中，结论是最直接、最具影响力的部分，它能够有效地传达法律适用的最终结果。因此，结论的清晰度、准确性和合理性对法律论证的质量至关重要。如果结论能够精准地解决案件争议，且与事实分析、法律条文和推理过程相一致，它将为法院的判决或法律适用提供强有力的支持。同时，结论的透明度能够提升法律过程的公正性，使各方当事人能够清楚了解案件判决的依据和理由。结论在法律论证中的重要性不仅体现在其直接的法律效果上，也体现在其为社会公众提供法律认知的作用上。在某些具有社会广泛关注度的案件中，结论不仅影响到当事人，还可能引发公众对法律公正和合理性的关注。因此，结论的表达方式应当简明扼要，同时做到公正、清晰，避免模棱两可或令人产生误解的表述。

第三节　法律论证的逻辑模型

法律论证的逻辑模型不仅仅是一个形式化的推理结构，它还需要根据具体的案件事实、法律规则以及推理过程来确定。通过演绎推理、归纳推理和类比推理的结合，能够在不同的法律情境中得出合理且有效的法律结论。同时，法律论证过程中必须避免落入逻辑误区，确保推理过程的有效性和合理性，以维护法律的权威性和公正性。

一、命题模型

命题通常由两部分组成：事实命题和规范命题。事实命题涉及案件中的具体事实和情节，规范命题则是与法律规则、法律条文相关的内容。通过将这两种命题结合，法律论证得以展开，形成清晰的推理链条。事实命题在法律论证中为案件的基本事实提供了框架。它通常来源于案件的证据材料，包括当事人的陈述、物证、证人证言等。事实命题具有客观性，它是法律判断的前提，没有事实命题，法律论证便无法进行①。"被告在案发时持有凶器"便是一个典型的事实命题。在此命题的基础上，律师、法官等法律主体便可展开进一步的推理。如果没有清晰的事实命题，整个法律论证将缺乏依据，无法进行有效的法律适用。规范命题则涉及法律的条文和相关规定，它为案件的解决提供了法律依据。规范命题不仅限于单一条文，它也可能是对相关判例、法律解释、学术观点的引用，是案件判断的核心框架。通过规范命题，法官能够明确法律适用的范围和标准，从而有效地对案件进行裁决。

在实际的法律论证过程中，事实命题与规范命题需要相互结合，形成逻辑推理链条。法律论证的核心任务就是将具体的事实情境与抽象的法律规范进行关联，从而得出公正的法律结论。在一起伤害案件中，律师首先会提供事实命题，证明被告的行为符合伤害事实，然后引用相应的法律规范，证明被告的行为符合"故意伤害罪"的构成要件。事实命题与规范命题的结合形成了法律论证的第一步，也为后续推理和结论的形成奠定了基础。然而，法律论证的命题模型不是一个简单的事实与规范的配对问题，而需要对两者之间的关系进行深入剖析。这时，法律论证不仅要明确事实命题的准确性，还要考虑不同法律规范的适用范围，甚至需要通过对比法、解释法等手段，进行深入的法律分析。例如，当事实命题中所涉及的行为是否构成"正当防卫"存在争议时，法官就需要根据相关的法律条文和司法解释，做出恰当的推理与判断。法律论证中的命题并非一成不变，它们会随着案件发展而不断调整和完善。在法庭审理过程中，证据的提供和反驳会使事实命题不断得到修正，法律条文的适用范围和解释也可能因为判例的发展而发生变化。因此，法律论证的命题模型是一个动态的、不断演化的过程，它既要求法律从业者具有扎实的法律素养，也要求他们具备敏锐的事实洞察力和灵活的思维能力。

二、逻辑一致性模型

逻辑一致性在法律论证中是一个至关重要的原则，它保证了法律推理的严密性和公正性。法律论证不同于普通的推理，它不仅要求论证过程合乎逻辑，

① 黄现清.法律论证的谬误研究[M].武汉:武汉大学出版社,2020.

还要求各个环节之间的推理关系相互协调，避免出现内在的矛盾或逻辑上的跳跃。没有逻辑一致性的法律论证无法做到公正裁决，甚至可能导致错误的法律适用或不当的判决结果。因此，需要确保论证的各个环节之间具备内在的一致性。这意味着论证中的每一步推理都应当基于前提并且能够在推导过程中保持清晰和连贯。法律推理中的前提如果是“某行为构成了盗窃”，那么后续的推理就必须在这一前提的基础上展开，最终得出“被告人因盗窃行为应当被判刑”的结论。如果在推理过程中前提发生了变化或推理步骤出现了不合理的转折，那么论证就会产生逻辑上的混乱，进而影响裁决的公正性。因此，保持逻辑一致性是法律论证中的核心要求，它确保了法律推理能够根据已经确定的事实和法律条文进行严谨的推导。每一项法律结论不仅仅要符合案件的具体事实，还要遵循已有的法律框架和判例原则。法律体系本身是一个相互联系、相互制约的整体，任何新的裁决都必须符合这一体系的逻辑规则。若法院在处理一起合同纠纷案件时基于某一新的推理方式做出判决，而这一判决与过去类似案件的判例相悖，那么就会存在逻辑上的不一致。这种不一致不仅会引发法律适用的混乱，还可能削弱公众对法律体系的信任。因此，法律论证中的逻辑一致性不仅要求推理内部的一致性，还必须考虑外部与整个法律框架的协调。

在法律审判中，证据是支持法律结论的重要依据。若某一案件的证据与结论之间存在明显的冲突，那么论证就缺乏足够的说服力。若某个证人提供的证言与案件的其他证据相互矛盾，法官在做出判决时就必须仔细审视这些证据之间的内在关系，确保所有证据支持的结论具有一致性和合理性。若在推理过程中证据支持的结论与最终的判决不符，那么这种不一致就会破坏整个法律论证的严谨性和有效性，进而影响案件的公正处理。如何协调不同观点之间的矛盾，确保它们在同一个论证框架下和谐共存，亦是考验法律论证一致性的一个方面。法律论证的逻辑一致性还意味着对反驳意见和异议的合理回应。辩方和控方可能提出不同的意见和观点，法官不仅要做出公正裁决，还需提供充分的理由来回应反对意见。如果法官未能在论证过程中有效回应这些异议，或者回应的逻辑前后不一致，那么裁决就可能显得武断和不公。因此，法律论证必须能够在逻辑上自洽，同时也要能够与反对的论点进行合理的对话和冲突调解。

三、结论的适用性模型

结论的适用性模型体现了法官、律师及法律学者如何在具体案件中，将法律规则与案件事实相结合，得出合适的法律结论。通过适用性模型，法律的普遍性与个别案件的特殊性得到了有效的平衡。这一模型通常包含对法律规范的理解、对案件事实的审视以及对适用结果的推理等环节，构成了法律论证的核心框架。适用性模型的基础是对法律规则的准确解读。法律规则通常具有普遍性，适用广泛。然而，法律规则的条文内容往往需要在特定的事实背景下加以解释和应用。在适用性模型中，解读法律规则的首要任务是明确法律的原意与适用范围。例如，在合同法中，关于合同效力的规则要求当事人自由协商，但这一规则的适用往往会受到实际情况的影响，如一方当事人是否具备签订合同的真实意愿。因此，正确的法律解读是确定结论适用性的前提，它要求法律适用者既要尊重法律文本的原意，又要考虑到现实社会中的实际操作。适用性模型要求对案件事实进行审查与还原。在法律论证过程中，案件的事实构成了应用法律规则的基础。没有准确的事实判断，法律规则就无法正确适用。案件事实通常包括行为发生的具体时间、地点、行为主体、行为方式以及行为所产生的后果等多个层面。通过对这些事实进行全面分析，法律适用者能够评估行为与法律规则之间的契合度，并最终得出合适的结论。例如，在刑法案件中，是否构成故意杀人罪，不仅需要审查被告人的行为是否符合杀人定义，还需要考察行为背后的动机、方法以及后果等具体因素。只有在明确案件事实的基础上，适用性模型才能准确地指引法律的应用方向。

适用性模型中不可忽视的一个重要环节是推理过程。推理是法律论证的核心，它将法律规则与案件事实有效结合，从而得出一个逻辑严谨、合理合适的结论。法律推理不仅要遵循规则的逻辑，还要关注规则适用的灵活性。法律并非一成不变的，在面对复杂的社会现实时，法律适用者往往需要结合具体情境进行适当的推敲和判断。例如，在民事诉讼中，法院往往要根据双方证据的强弱，结合案件的实际情况，作出是否支持某一方诉求的判决。推理的过程不仅是对事实的简单复述，而且要进行归纳与演绎，提出有力的论证和理由，支持最终的法律结论。在法律论证中，结论不仅要符合法律的文本规定，还应当体现公正的法律精神，保障当事人的合法权益。法律结论的合理性要求适用者在审查案件时，充分考虑社会公德、法律价值及当事人的实际利益。例如，在判定侵权责任时，法院不仅要考虑行为是否违反了法律条文，还要考量行为造成的社会影响及对受害人的伤害程度。通过综合评估法律规则的目标、案件事实的具体情境以及社会影响，法律结论才能既符合法律的规定，又能体现社会的公平与正义。在法律的适用过程中，透明度确保了公众能够理解法律如何适用于特定案件，而可预测性则能够增强法律的威信与稳定性。通过清晰的法律推理和合理的结论表达，适用性模型不仅可以指导法律实践，还能增强社会对法律制度的信任。例如，法院在判决时需要明确陈述适用的法律条文、案件事实以及推理过程，确保当事人对判决有充分的了解，进而增强法律的权威性和透明度。

四、论证结构模型

法律论证不仅是一个逻辑推理的过程，它还包括了多层次的结构安排。有效的法律论证结构有助于清晰地展现思考过程，提供严谨的推理路径，使法律结论具有合理性和说服力。法律论证的结构模型通常涉及四个主要组成部分：主张、支持、反驳和结论。这四个部分共同作用，确保论证的全面性和逻辑性。主张是法律论证的核心，它构成了论证的起点和目标。主张通常是法律论证的核心结论或判定，表明论证者希望通过推理所达成的结果。它往往是一种明确的法律意见，例如“被告应当承担民事责任”或“被告的行为构成故意杀人”。主张不仅反映了论证者的诉求，也为整个论证提供了方向和框架。主张需要清晰、具体且具有法律依据，避免过于模糊或抽象。只有明确的主张，才可能通过后续的推理步骤得到支持和验证。支持部分是论证者为主张提供依据的部分，它通过事实命题和法律规范等要素，解释为什么某一结论是合理的。支持不仅包括事实证据，还需要结合相关的法律条文、判例和学术观点等。在一起侵权案件中，支持可能会包括原告提供的证据以及与侵权责任相关的法律条文，它通过详细的陈述和证明，帮助审判者理解主张的合理性和合法性。支持部分通常需要依托严密的推理，提供强有力的证据支持主张，否则论证将会缺乏说服力。

反驳部分针对的是对方可能提出的反对意见，并且通过进一步的推理和证据，驳斥对方的观点。这一部分不仅体现了论证的全面性，还展示了论证者对案件各个方面的深入理解。被告的辩护律师可能会提出自卫的理由，这时控方需要通过分析被告行为是否符合自卫条件来反驳这一主张。反驳部分需要保持逻辑一致性，并且通过对法律条文和事实证据的再分析，进一步支撑原有的主张。反驳不仅是对对方观点的回应，更是加强自己论点的工具。在结论部分，法律论证者需要对之前的推理和支持进行回顾，并以简明扼要的方式得出最终的判决。结论部分要求清晰明了，能够准确反映出法律论证的最终结果，并且要符合逻辑推理的全过程。结论通常是判决书中的重要部分，它不仅仅是对案件的裁定，也是法律论证的终极目标。因此，结论必须具有严密的法律依据，并且能够说服所有相关方，特别是可能面临上诉的情况。

法律论证的结构模型，除了包括主张、支持、反驳和结论外，还强调这些部分之间的相互联系与协调。有效的法律论证不是各个部分的简单叠加，而是需要通过清晰的层次结构和合理的推理步骤形成一个有机整体。每一个部分都为主张提供了坚实的支撑，并通过层层递进的逻辑推理，最终达到合乎情理的结论。无论是支持部分提供的事实证据，还是反驳部分的反对意见处理，都需要与主张保持高度一致，以确保整个论证链条的紧密性。此外，法律论证结构的清晰性还要求在实际应用中根据案件的复杂程度灵活调整。有些案件可能需要较为简单的论证结构，而复杂的案件则可能涉及更多的层次和细节。法律工作者需要根据具体情况，灵活安排各个部分的内容和顺序，使论证既能全面覆盖案件的各个方面，又能保持逻辑上的简洁与清晰。

五、规则应用模型

规则应用是法律论证中的核心步骤，它涉及如何将具体的法律规则与案件事实相结合，从而得出裁决结果。这一过程不仅需要准确理解和解释法律条文，还要求将这些法律规则与案件的实际情况进行对比和适用。通过规则应用，法官能够将抽象的法律规范转化为具体的裁判行为，从而实现法律的公正与公平。规则应用要求对法律规范进行准确的解读。在法律体系中，规则是通过条文形式进行表达的，而条文本身往往具有一定的抽象性和普遍性。因此，在实际案件中，如何解释和适用这些规则成为关键。法律条文的解读并非一成不变，法官需要根据案件的具体背景和实际情况，结合司法解释、学术观点和判例来进一步明确法律的含义。当法律条文中规定某种行为属于“非法”时，法官在规则应用中必须判断该行为是否符合“非法”的具体标准，如是否存在欺诈、暴力等特征。因此，准确的规则解读是规则应用的基础。案件事实是规则应用的前提，而规则则为事实提供了处理的框架。通过对案件事实的审查，法官能够判断是否符合适用某一法律规范的条件。法官首先需要审查被告的行为是否符合犯罪构成要件，包括行为人是否具有主观故意、行为是否造成了实际危害等。如果案件事实符合相关法律条文的规定，法官便可以适用该条文做出判决。若事实不符，规则应用就会受到限制，法官则需要进一步评估案件事实与法律规范之间的关系，或者寻找适用于该情境的其他法律条文。

案件可能涉及多条法律规定，甚至需要多领域的法律规则共同适用。一宗交通事故案件可能同时涉及民法、刑法和交通法规。法官需要综合考虑各项法律规定的适用条件，并根据案件的具体情况确定优先适用的法律条文。此外，规则应用还应考虑到判例法的作用，在类似案件中，先前的判决和司法解释可为当前案件的裁决提供参考和指引。因此，规则应用不仅仅是对条文的单一适用，还需要兼顾司法实践中的经验和判断。在规则应用的过程中，法官还需要处理法律规范与社会公正之间的关系。法律规则本身是对社会行为的规范，但其适用的具体情境可能会因为时代背景、社会价值观等因素而有所不同。法官在适用规则时，不仅要遵循法律条文的字面意义，还要考虑到社会现实和公平正义的要求。某些法律条文在特定社会背景下可能会导致不公正的结果，这时法官可以通过解释和适用相关条文，力求在保持法律稳定性的同时实现社会公平。因此，规则应用不是对法律规范的机械套用，而是法律对社会变化和实际需求的灵活回应。通过规则的适用，法官能够根据案件事实和法律规范得出明确的裁判结果。这一结果不仅仅影响当事人，还可能对社会产生广泛的影响。通过公正的规则应用，法官的裁决能够为社会成员提供法律保障，促进社会秩序的稳定。同时，法律规则的适当应用能够增强法律的权威性，提升公众对司法公正的信任。

第四节　法律论证的证据与推理

法律论证的证据与推理紧密相连，证据提供了案件事实的基础，而推理则通过对证据的分析与解读，形成对案件事实的认定。证据的合理利用能够帮助法官或律师从事实出发，运用逻辑推理得出符合法律规则的结论。证据为推理提供了支撑，而推理则赋予证据法律意义，两者共同作用，确保了裁判的公正与合理。因此，证据与推理是法律论证中不可分割的双重保障。

一、法律论证的证据

证据是法官判断案件事实和法律适用的基础，构成了论证过程中事实命题的核心内容。证据不仅可以帮助揭示案件事实，还能为法律推理过程提供有力的支持。

(一) 证据的基本概念和性质

证据在法律论证中具有重要的基础性作用,是法律推理的根基。证据是能够证明案件事实或帮助法官确认案件真相的一切材料,它为法律论证提供了事实支持,直接影响到案件的裁决结果。无论是书面材料、物证、证人证言还是电子数据等形式的证据,都承载着证明案件事实的重要功能。因此,证据不仅仅是案件事实的载体,也是法官判断案件事实是否成立、是否符合法律规范的依据。证据的基本性质决定了其在法庭上的使用和审查方式。证据具有客观性。无论是口供还是书面材料,证据本身应该能够独立于个人主观意图存在,客观反映案件发生的事实。比如,目击证人的证言需要与案件发生的时间、地点、事件吻合,才能具备客观性。证据需要具备可验证性。所有的证据应当能够通过相应的法律程序或其他手段进行验证,以确保其真实性。电子数据能够通过技术手段进行鉴定,书面证据则可以通过公证或其他方式进行验证,从而确保其具有可靠性。证据必须具备关联性①。关联性是指证据与案件事实之间的直接联系,只有与案件的核心问题密切相关的证据才能在法律论证中发挥作用,无关的或不相关的证据不仅无法支持案件事实,甚至可能会误导法律推理的方向。法官要审查证据的真实性。证据必须来源于真实可靠的渠道,并能够经得起事实检验。对于证人证言或物证,法官要确保其没有被伪造或篡改,且与案件事实相符合。法律明确规定了证据的合法来源,任何通过非法手段获取的证据,均无法在法庭上作为有效证据使用。比如,刑讯逼供所取得的证言不具备合法性,也无法作为定罪的依据。此外,证据的关联性是法官审查的重要方面。法官需要确保所有呈现的证据与案件事实之间具有紧密联系,不能因为证据的数量而忽视其关联性。

(二) 证据的种类和分类

证据在法律实践中具有多样性,可以根据不同的标准进行分类。根据证据的形式,通常可以将证据分为书证、物证、证人证言、视听资料等。这些证据类型各具特点,并在案件事实的证明过程中发挥不同的作用。书证是指能够证明案件事实的书面材料,如合同、票据、书信、账簿等。这类证据通常具有较高的证明力,尤其是在涉及民事纠纷或商业争议时,书证能够直接反映当事人之间

---

① 杨猛宗,王一然.法律逻辑学课程思政建设的实践探索[J].天津电大学报,2024,28(2):1-7.

的约定或交易行为。书证的特点是能够清晰呈现内容，但需要确认其来源和真实性。对于书证，法官必须考察其来源是否可靠，是否经过合法程序进行制作和保管。物证指的是与案件事实直接相关的物品或实物，如凶器、工具、尸体等。物证能够直接证明案件发生的具体事实，尤其在刑事案件中，物证的作用尤为重要。物证通常具备高度的客观性和直观性，通过物证的检验可以直接判断案件的发生和性质。然而，在使用物证时，法官需要特别关注物证的存放、保管及鉴定过程，确保其没有被篡改或伪造。

证人证言则是指通过证人对案件事实的口头叙述所提供的证据。证人证言通常在刑事案件中占据重要地位，尤其是目击证人或知情证人的证言可以为案件的事实认定提供重要支持。证人证言的证明力直接取决于证人对案件的了解程度。因此，法官在接受证人证言时需要考量证人的身份、背景以及证言的一致性与逻辑性。如果证人的证言存在重大矛盾或不合理之处，法官会对其证言的有效性产生怀疑。视听资料是现代技术发展带来的新型证据形式，通常包括录像、录音、照片、监控视频等。这些证据可以有效地还原案件发生的情境，提供直接的视觉或听觉证据。视听资料能够提供实时的现场记录，有助于还原案件的全过程，特别是在涉及身份确认、现场行为分析等方面，视听资料的使用具有不可替代的作用。然而，视听资料的真实性和完整性也需要严格审查，以防止因篡改或失真而影响案件判决。除按形式分类外，证据也可以根据其证明目的进行分类。直接证据是能够直接证明案件事实的证据，例如目击证人对案件发生的直接描述。直接证据通常是案件中最为有力的证据类型，因为它直接指向事实的真相，不需要进一步推理，法官可以依赖直接证据快速做出事实认定。与之相对的是间接证据，间接证据虽然不能直接证明案件事实，但可以通过推理判断事实的存在与否。间接证据在许多复杂案件中具有举足轻重的作用。通过案件中的物证或某些行为证据可以推理揭示出案件嫌疑人的背后动机或行为模式。虽然没有直接的目击证人，但通过犯罪嫌疑人的指纹、作案工具等证据，法官可以推理出嫌疑人是否与案件发生有直接关联。

证据还可以根据其功能进行细分，例如举证责任证据和反驳证据。举证责任证据是指一方当事人承担举证责任时提交的证据，这些证据旨在证明对方主张不成立，或证明自己主张的真实性。反驳证据则是用来质疑对方证据或论点的有效性，通常用于驳斥对方证据的真实性或合法性。举证责任证据和反驳证据虽然作用不同，但都在论证过程中发挥着关键作用。不同类型的证据在案件事实的证明过程中扮演不同的角色，法官不仅要评估每一类证据的独立证明力，还需综合考量所有证据的整体效力。尽管某一证据看似具有较高的证明力，但如果与其他证据存在矛盾，则可能影响其在案件中的实际应用。因此，法官需要对各类证据进行全面、细致审查，以确保事实认定的准确性与裁判的公正性。

（三）证据的合法性和合规性

证据的作用不仅是为了证明案件事实，更是法律公正的基础。为了确保案件裁判的公正性，证据必须符合严格的法律程序要求。只有在符合法定程序的前提下获取的证据，才能被法庭接受并作为判断案件事实的依据。警方在调查过程中必须严格遵循法定的程序和授权，不能擅自搜查、扣押或监听。而任何违反这一程序的行为，如非法拘禁、刑讯逼供等，都会使得所获得的证据失去合法性，不能作为定罪的依据。法律之所以对证据的获取过程进行严格规定，正是为了保护公民的基本权利，避免执法机关滥用权力，保障程序正义。此外，证据的合法性不仅仅局限于证据获取的方式，还包括证据收集的环节应符合相关法律的要求。在搜查和扣押过程中，执法人员需要出示合法的搜查令，并确保搜查的范围和目的明确。如果证据的获取过程存在程序上的瑕疵，哪怕证据本身真实、可靠，也有可能被排除在法院审理之外。这种程序上的严格要求是法律对于公民权利保护的体现，目的在于通过合理的程序保障公民免受不当行为侵犯。

与合法性相伴随的，证据的合规性同样是法律论证的重要考量因素。合规性主要是指证据符合国家法律和司法实践中对于证据种类、形式、保管、鉴定等方面的规定。许多证据在获取后需要通过严格的程序进行保管与鉴定，以确保其不被篡改或伪造。物证在获取后必须由相关机关进行妥善保存，并确保其能够经得起检验。证据如果在收集、保管、使用过程中出现不合规的情况，将严重影响其效力。法官需要对所有证据进行全面审查，确保每一项证据在所有环节中都符合法律规定。证据的合法性和合规性问题，涉及法庭的证据排除规则。在实际案件审理中，如果一方当事人提出对证据合法性或合规性的异议，法院将对该证据是否符合程序要求进行严格审查。这一审查不仅限于证据的真实性和相关性，还包括证据的取得过程、保存方式和使用步骤。通过这种审查机制，法律旨在维护司法的公正性，避免因程序不当而导致不公正的裁判。此外，法律对于证据合法性和合规性的要求，也反映出司法实践中对执法机关权力的制衡。在权力过度扩张的情况下，执法机关有时可能采取不正当手段获取证据，从而侵犯公民的基本权利。法律对证据获取程序的明确规定，确保了执法活动始终在法治框架内进行，防止了权力滥用对案件公正性的影响。

（四）证据的证明力和证明标准

证据的证明力是指证据在案件中所能发挥的证明效果，它直接关系到案件事实是否能够得到确认和推定。不同于证据的数量，证明力更侧重于证据的质量及其对案件事实的影响力。证据的证明力并不是一个单一的衡量标准，它涉及多个因素的综合评估，包括证据的独立性、可信度、关联性等。因此，法官在法律论证过程中，必须对证据的证明力进行深入分析，确保案件的事实推定和法律裁判建立在足够的证据基础上。证据的证明力并不取决于证据的数量，数量庞大的证据未必能够直接说明案件的真相，而少量的证据却可能具有巨大的证明效果。比如，一个关键性的物证可能足以证明被告的犯罪事实，而大量相对不相关的证据反而可能导致案件的复杂性增加。因此，法官在审查证据时，更关注的是证据是否能够合理推导出案件事实，而非证据的数量。对于证据的证明力，法律明确规定了不同类型案件的标准。证据需要达到“排除一切合理怀疑”的标准，也就是说，法官在评估证据时，必须确信案件的事实是真实无疑的，没有任何合理的替代解释或怀疑。如果证据不能排除对案件事实的合理怀疑，法官就不能做出有罪判决。这一标准体现了刑事司法中对被告人权利的保护，确保只有在证据确凿、无可辩驳的情况下，才会做出刑事定罪。

民事案件中的证据标准则较为宽松，通常要求证据达到“高度的可能性”标准。在民事案件中，法官更多地依赖证据之间的推理和对比，通过衡量证据的合理性和一致性来做出判断。虽然“高度的可能性”标准并不要求排除所有的怀疑，但它要求证据能够提供足够的事实依据，使得案件结论具有较高的可信度和合理性。如果一方提交的证据能合理推定其主张的真实性，且无足够的证据反驳这一主张，那么法官可以根据这一证据做出判决。此外，证据的证明力还受到证据之间的相互印证、对比及合法性审查的影响。单一证据的证明力可能有限，但如果不同来源的证据相互印证，证明效果会显著增强。比如，目击证人的证言与监控视频相互印证，能够增加证据的可信度和证明力。同样，证据的合法性也直接影响其证明力。如果某项证据是在非法手段下获得的，那么它的证明力将大大削弱，甚至可能被排除在案件审理之外。因此，法官不仅要对证据的内容进行审查，还必须考虑证据是否合法，是否符合程序正义的要求。在证据的审查过程中，法官还需要综合考虑证据之间的关系。某些证据可能具有较强的直接证明力，如书面合同或物证，而其他证据可能更多依赖于推理或间接印证。法官需要根据证据的整体状况进行权衡，不能仅凭一项证据的孤立证明力做出判断，而是要通过对所有证据的综合分析，找出最具说服力的结论。

（五）证据的关联性和可信度

证据的关联性和可信度是法律论证中至关重要的两个方面，它们直接影响到证据在案件中的有效性和司法判决的公正性。关联性指的是证据与案件事实之间的联系程度，而可信度则是指证据反映案件事实的准确性和可靠性。只有在具备高度关联性和可信度的证据基础上，法官才能做出公正、合理的裁决。证据的关联性是衡量证据是否能够有效支持案件事实认定的关键标准。证据必须与案件的核心问题存在直接或间接的联系。如果某项证据与案件的实际争议没有任何关系，或只是偶然存在于案件背景中，它将无法对案件的事实产生影响。在一宗盗窃案件中，如果提出的证据仅仅是证明被告有良好的社会声誉，而与案件的直接争议——是否有盗窃行为——毫无关联，那么这项证据便无法在法律论证中起到支持作用。只有与案件事实紧密相关的证据，才能为案件事实的认定提供有效支持。证据不仅要与案件事实相关，还需要具有足够的可信度和可靠性。证据的可信度涉及多个层面，包括证据本身的真实可靠性以及其来源和背景的可靠性。对于证人证言、书面证据等主观性较强的证据，可信度尤其重要。证人证言可能会受到个人记忆偏差、情感因素或外部压力的影响，因此，法官需要仔细考察证人的证言是否一致，是否存在矛盾或不合逻辑之处。证人的证言可能由于心理压力或记忆模糊而出现偏差，这时法官就需要仔细评估该证言的可靠性。如果证言的内容缺乏细节，或与其他证据不符，法官可能会对其可信度提出疑问。

书面证据，如合同、账单、协议等，可能面临伪造或篡改的风险。法官在审查书面证据时，需要考虑其来源的合法性，即是否有证据表明该文书是真实的，是否符合相关法律规范。一份商业合同若没有合适的签字或没有明确的当事人身份，可能会被认为是不可信的或无效的。因此，书面证据的真实性和完整性是其可信度的重要衡量标准。证据的可信度还涉及证据背后的背景和情境。证据的来源可能会影响其可信度，某些证据可能来自与案件有直接利益关系的人，或在获取过程中存在不正当手段，这就可能影响该证据的公正性。法官需要对证据的来源和获取过程进行审查，以确保证据的可信度没有受到外部因素的影响。比如，若证据是在没有合法授权的情况下通过非法手段获取的，那么即便它本身具有较高的真实性，也可能因其非法来源而失去可信度。证据的关联性和可信度并不是孤立存在的，它们相互作用，共同决定了证据能否在法律论证中发挥作用。在实际司法操作中，法官往往需要综合考虑证据之间的相互关系和背景信息，通过对比不同证据的证实效果，判断其能否作为案件事实认定的依据。法官可能会根据不同证人的证言、物证和其他直接证据的对比，来判断案件事实是否能被充分证明。若证据之间存在高度一致性，且能够相互印证，那么这些证据的关联性和可信度就会增强，从而有效支持案件事实的认定。

二、法律论证的推理

（一）演绎推理模式

演绎推理作为法律论证中的一种重要推理方式，是从普遍性或一般性规则出发，推导出特定情况下应当适用的法律结论。这种推理方式的核心在于将抽象的法律规范应用到具体的事实情境中，从而得出合理且合适的裁决结果。演绎推理常常是法官、律师及法律学者在分析案件时依赖的主要推理工具。演绎推理模式的首要特点是从一般的法律规范出发，推导出具体的法律结论。法律规则充当了推理的基础或前提，而案件的具体事实则作为推理的依据。这种推理方式通过一个严谨的逻辑结构，使得法律结论从法律规定中自然流出，确保裁决的合法性和公正性。如果某一法律规定了某种行为属于犯罪且案件事实符合该行为的要素，那么，法官可以通过演绎推理得出该行为构成犯罪的结论。演绎推理的特点决定了其在法律判决中的普遍适用性和科学性，尤其是在面对法律条文明确的情形时。法律是治理国家的基本工具，法律条文的明确性为演绎推理提供了坚实的基础。法律条文通常以普遍性的方式规定了某些行为及其法律后果，这就为演绎推理提供了适用的框架。当案件中存在被告涉嫌盗窃的事实时，法官可以根据这一法律规则，通过演绎推理判断被告的行为是否符合盗窃罪的构成要件。

演绎推理要求案件的事实与法律条文之间存在直接的联系。在实际的法律操作中，法官首先需要对案件事实进行审查，判断其是否符合适用法律条文所要求的条件。如果某一案件涉及的事实是某人被指控盗窃，但其行为与法律条文规定的盗窃罪要素（如非法占有他人财物、通过秘密手段获取财物等）不符，那么即使法律明确规定盗窃属于犯罪，演绎推理也无法推导出犯罪的结论。

只有当案件事实与法律条文紧密契合时,演绎推理才能顺利开展,并得出合法合规的法律结论。此外,演绎推理在法律论证中的运用必须严格遵循逻辑的严谨性和合理性。在演绎推理过程中,法官或律师应当确保逻辑链条的完整性,避免跳跃式推理或逻辑漏洞。若案件事实与法律规定存在某些细微的偏差,演绎推理可能会导致错误的结论。因此,法律从业人员在运用演绎推理时,需要对案件的事实进行深入剖析,确保每一环节的逻辑性和合法性。这要求法律从业人员不仅要掌握法律知识,还要具备敏锐的法律判断力。

案件的事实往往呈现出复杂性和多样性,但演绎推理的普遍适用性使其能够应对各种类型的案件。当面对复杂的法律关系时,法律规则通过演绎推理逐步展开,帮助法官厘清案件的法律属性并做出裁决。在多重法律关系交织的案件中,法官需要通过演绎推理逐一适用相关法律规则,确保不同法律条文之间的协调与一致性。这种推理方式不仅能够帮助法官准确适用法律,还能保证判决的公正性和透明度。演绎推理不仅仅局限于法官的审判过程中,律师在为当事人辩护时同样可以运用演绎推理来构建辩护逻辑。在刑事案件的辩护中,律师常常需要根据法律条文和案件事实,推导出指控不成立的结论。律师可以通过演绎推理,指出某个被告的行为虽然表面上看似犯罪,但实际上并不符合犯罪构成要件,从而为被告提供有力的辩护。由此可见,演绎推理在法律论证中的适用范围是广泛的,不仅限于法官裁决,也涵盖了法律从业人员在各种法律场合中的运用。

(二)归纳推理模式

归纳推理在法律论证中是一种从特定事实推导出一般规则的推理模式。这种推理模式不同于演绎推理从一般到特殊的逻辑,而是从多个具体案件的事实中抽象出普遍性的规则或规律。归纳推理特别适用于判例法的推演,法院通过对大量相似案件的审理经验,总结出共性的法律结论,并将这些总结的规律适用于新的案件。归纳推理不仅是法律判决中一个重要的推理方式,而且对于法律的发展和法律规则的形成也起到了积极的推动作用。归纳推理的基本逻辑是从若干个具体的案例出发,发现这些案例中存在的共同特征或模式,进而推导出一个普遍适用的法律规则。事实的多样性和复杂性被逐步总结和提炼为一般性原则,这种方法帮助法院在面对新案件时,能够找到相似的判例作为参考,进而得出适当的法律结论。例如,在许多民事案件中,法院通过归纳相似案件的裁判经验,逐渐形成了对于“违约”的具体认定标准,从而使得类似案件能够获得一致的判决。这种从个案到普遍规则的推理方式，促进了法律判决的一致性和稳定性，也提高了司法过程的可预见性。在归纳推理的过程中，法律从业人员通常会依赖于大量的判例和实践经验来提炼规律。这些判例往往涉及相似的法律问题，尽管案件的具体情形有所不同，但其所涉及的法律原则和适用的法律规则是相似的。通过对这些判例的比较和归纳，法院能够在新的案件中迅速找到与之相似的法律模式，并基于此进行判断。在美国的普通法体系中，法院通过判例法形成了大量的法律规则，这些规则并非一开始就以成文法的形式出现，而是通过归纳推理从具体案件的裁决中逐步提炼出来的。这种判例法的发展模式强调了归纳推理在法律演进中的重要作用。

归纳推理的核心优势在于它能够处理多样化和复杂的案件事实。法律条文往往无法覆盖所有具体情境，尤其是在面对社会快速发展和法律空白的情况下，归纳推理为法院提供了处理新类型案件的解决方案。通过对多个相似案件的处理，归纳推理能够发现法律的空白或模糊地带，从而为制定更完善的法律规则提供经验和依据。这种基于经验的推理方式有助于法律的灵活适应和持续进步，使得司法体系能够在复杂多变的社会中维持公正性和合理性。由于归纳推理是从特定案例中总结出一般性结论，因此其结果可能受到选择案例的局限性和判断者主观性的影响。如果选择的案例样本不够广泛，或者没有考虑到某些特殊情境，那么从这些案例推导出的法律规则就可能不够全面或不适用于所有情况。此外，归纳推理的结果依赖于先前的判决经验，若历史判决中存在错误或偏差，归纳出的规则也可能导致不公平的判决。因此，法律实践中的归纳推理需要谨慎运用，并在必要时对过时或错误的判例进行修正和改进。

归纳推理的另一个挑战在于如何处理法律的不确定性。与演绎推理相比，归纳推理往往不依赖于明确的法律规范，而是依据判例法中的法官解释和司法经验来推导结论。归纳推理可能面临更大的不确定性，尤其是在新兴领域或法律尚未明确的领域中，如何正确归纳出适用的法律规则仍然是一个难题。因此，尽管归纳推理能够为法律规则提供重要的补充，但它在应用时需要更加注重规则的灵活性和适应性，以避免因过度依赖过去判例而造成的法律滞后性。归纳推理模式不仅对个案的判定起到了重要作用，也对法理学的研究和法律规则的完善具有积极的影响。通过对大量判例的归纳总结，法学研究者可以更清楚地看到法律原则的演变和适用范围，从而为法律的修改和补充提供理论依据。归纳推理还促进了法律文化的积累和发展，推动了法治社会的成熟和完善。在很多国家，尤其是英美法系国家，判例法的归纳推理不仅是法律实践的重要组成部分，而且对法律的创新和灵活性起到了推动作用。

（三）类比推理模式

类比推理是一种通过找出两种或多种情况的相似性来进行推理的方式，它强调从已经存在的、类似的案例中，借助相似性来推导出适用的法律结论。类比推理通常用于处理那些没有明确法律规定的情形，尤其是在遇到新兴法律问题或复杂的法律关系时，法院可以通过类比其他已判决案件的法律适用来做出合理的裁定。类比推理的本质在于通过对事物相似性的判断，从而推动法律规则的适用和解释，确保法律的适用具有一致性和合理性。类比推理在法律中的应用通常发生在两个或更多的情境之间，这些情境在一些关键的特征或事实方面具有相似性。通过对比这些情境，法官或律师能够推导出它们在法律上的相似性，并借此类比适用相应的法律规范。这种推理方式的核心在于找到案件之间的相似之处，并将这些相似性转化为法律上的推理依据。在没有明确法律规定的情况下，法院可能会根据其他类似案件的判决，推理出类似法律条文适用于当前案件。通过这种类比方式，法律的适用更加灵活，能够应对那些传统法律条文未曾涉及的新型案件。

类比推理经常用来填补法律的空白。随着社会的发展和新情况的出现，传统的法律条文往往难以涵盖所有可能的法律问题。此时，类比推理提供了一种有效的解决方案。通过类比之前已经有判决的案件，法院能够将类似的案件处理原则适用于新的情境，从而在缺乏明确法律条文的情况下做出公正裁决。这种方法既能保持法律裁决的连贯性，又能确保司法判断的灵活性。如果某个新的技术或商业模式在法律条文中没有明确规定，但与旧有的技术或商业模式有很大的相似性，法院可能会通过类比推理，将适用于旧有技术的法律条文适用于新技术，从而确保该新技术的法律适用不至于空缺。类比推理的一个重要特点是它能够处理那些没有明确规定或法律空白的情况。在法律中，有许多情形并未在成文法中详细列出或明确规定，面对这些未被明确规定的情况，法院通过类比推理，能够找到类似的法律条文或判例作为依据，从而填补法律的空白。在民法中的合同问题经常会出现某些特定情况未被具体条文所覆盖，此时法院可以通过类比已有的合同纠纷判例，推导出适用于该案件的法律原则。这种推理方式在增强法律的适用性方面发挥了重要作用，使得司法裁决能够更加全面地涵盖不同类型的案件。

类比推理的有效性依赖于相似案件的存在。如果案件之间的相似性并不明显，或是法院难以找到相似的案例作为类比依据，那么类比推理的合理性就会受到质疑。类比推理也可能会导致错误的判决，特别是在案件的关键事实差异较大时，简单的类比可能会忽视案件的独特性，从而得出不当的结论。因此，法官在运用类比推理时，必须确保案件之间的相似性确实存在，并且要考虑到各个案件的特殊情况，避免机械地套用判例。尽管类比推理存在一定的挑战，但它仍然是司法裁判中不可或缺的推理工具。尤其是在面对那些前所未有的新问题或法律空白时，类比推理能够提供一个可行的解决途径。通过找出相似的案例，类比推理不仅为法院提供了合理的裁判依据，还帮助法律体系在面对新问题时能够灵活应对，保持法律的一致性和适应性。此外，类比推理还能够促进法律的动态发展。随着社会和技术的进步，新的法律问题和情况不断涌现，类比推理为法律体系提供了足够的灵活性，使得法律可以不断地根据实际需要进行调整和完善。在国际法领域，类比推理的作用也尤为显著。由于国际法的某些领域缺乏明确的条文规定，国际法院经常依赖类比推理来处理争端。在处理类似案件时，国际法院通过类比之前的判例来推导出相应的法律规则，确保裁决具有合理性和一致性。在国际贸易争端中，法院可能会通过类比类似的国际贸易案件，确定是否违反了某一国际协议的规定。这种方法在跨国法律事务中起到了促进国际法律秩序稳定的作用。

（四）反向推理模式

反向推理，又被称为逆向推理，是一种从结论推导回前提的推理方式。反向推理经常用于检验某个结论是否符合已有的法律原则或是否合理。法院在判决后，可能需要通过反向推理来回顾整个论证过程，以确保判决结果符合适用的法律规范和司法实践的基本要求。反向推理不仅有助于发现潜在的逻辑漏洞，还能够验证司法裁决的合法性和公正性。反向推理常常作为一种检查工具，用于确保裁决依据充分且合理，从而增强司法公信力。反向推理的主要思路是通过已得出的结论来追溯推理的前提和过程，从而判断这个结论是否合乎逻辑并且合理。反向推理并不是从前提推导出结论，而是从结论反推到前提，检查结论是否符合所依据的事实和法律条文。这种推理模式的优势在于，它能够提供一个从结果到原因的反向检验过程，有助于发现潜在的偏差和不合理之处。在某些复杂的案件中，法官可能先得出一个判决结论，然后通过反向推理检验判决是否依据了正确的法律规则和事实判断。如果结论的推导过程不合乎逻辑或违反了法律原则，反向推理能够帮助发现这一问题。

反向推理通常用于判决后审查或上诉阶段，特别是在法院进行司法审查时，反向推理起到了至关重要的作用。司法审查不仅仅是对案件判决的简单复核，它要求法官对原审裁决的结论进行回溯，审查其是否符合适用的法律规定和司法解释。如果某一判决认定某项行为不构成犯罪，反向推理便可以被用来检视这一结论是否符合刑法中的具体规定。如果案件的结论未能充分考虑相关的法律条文，或未按照法律条文中的标准进行判断，那么通过反向推理的过程，法官或上诉法院能够发现这一问题，并做出更为合理的裁决。反向推理模式在逻辑上对论证者提出了挑战，它要求论证者在推理过程中不仅要清晰地理解结论和前提之间的关系，还需要能够对结论进行充分的拆解，以确认结论是否经过了正确的推导。法律裁判往往涉及复杂的事实判断和法律适用，而这些判断和适用背后的推理过程可能隐含着某些潜在的错误或不合理之处。因此，反向推理能够帮助检验这些隐性的问题，确保法律裁决的公正性和合法性。某些案例中，法官可能通过反向推理发现案件的结论忽视了某些关键证据或法律原则，这种反向推理的方式为判决的纠正提供了理论依据。

在一些高度争议的案件中，反向推理作为一种验证工具尤为重要。尤其是在涉及新兴领域或法律空白时，判决往往依赖于类比推理或演绎推理，但在判决结果的形成过程中，可能会存在不同的法律解释和法律适用方式。某些案件的判决结论可能会从多种法律条文中抽取支持性依据，但在具体应用时，可能未能完全符合条文的本意。通过反向推理，法院可以重新检视各项法律依据是否适当，确保最终裁决的合法性。学者们经常使用反向推理来验证法律理论或法律解释的合理性。在学术讨论中，反向推理能够帮助揭示法律解释背后隐含的假设和逻辑问题。从法律结论出发，反向推理可以通过对法律条文和解释的质疑，推动法律理论的进一步发展。这种方法不仅仅是对现有法律条文的解释，还能帮助法学研究者发现新的法律趋势或未被充分讨论的法律问题。因此，反向推理在法学领域的运用，不仅对具体案件的判决产生了影响，也促进了法律理论的创新和完善。尽管反向推理在法律论证中具有一定的检验作用，但它也有局限性。反向推理的一个潜在问题是，它往往依赖于结论的预设性。如果裁决结论本身存在较大的偏差或错误，那么反向推理的过程可能无法有效发现这些问题，反而可能加强某些不合理的法律结论。因此，反向推理的有效性在很大程度上取决于裁决结论的初步合理性。为了确保反向推理能够有效发挥作用，法官和学者必须具备较强的逻辑推理能力，并能够从结论的角度出发，严谨地审视前提和推理过程的合法性和合理性。

第五节　法律论证的实践应用

法律论证不仅是法律理论的推演过程，更是在司法实践中的具体应用。通过法律论证，法官、律师和各方当事人能够更好地理解案件事实、适用法律规则，从而为案件的最终裁决提供支持。法律论证在实践中的应用具有多样性，其核心目的是确保判决公正、合理，并在程序上符合法定要求。

一、法院判决中的法律论证应用

法院判决是法律论证最为直接的应用领域。法官必须基于事实和证据进行逻辑推理，通过法律规定来解释和判断案件中的法律关系。在判决过程中，法官首先会对案件事实进行认定，并依据这些事实展开法律推理，应用相关法律规则解决案件争议。法律论证起到连接事实与法律的桥梁作用。法官通过系统的论证，清晰地展示案件事实与法律条文之间的关系，并说明如何通过证据证明案件事实，以及如何依据法律条文做出判断。如在一宗侵权案件中，法官需要论证被告是否因其行为对原告造成了损害，是否应当承担赔偿责任。法官通过对证据的审查、对法律条文的适用以及对案件背景的理解，逐步建立起判决的法律论证框架，最终得出判决结果。

二、律师辩护中的法律论证应用

律师辩护是法律论证在实践中的另一重要应用场景。律师的任务是代表当事人向法院阐述案件事实，并根据法律条文和司法实践提供支持其立场的论证。律师通过对案件事实的分析、证据的梳理和对法律条文的解释，构建起强有力的法律论证，以期最大限度地为当事人争取有利判决。在刑事辩护中，辩护律师可能会通过论证嫌疑人行为的合法性，提出无罪辩护；或者通过证明某些证据的不合法性，来动摇对方的证据链。律师通过对案件事实的深入挖掘，以及对相关法律规定的详细解析，展示出法律论证的技巧和深度，最大限度地保障当事人的合法权益。

三、立法过程中的法律论证应用

立法机关通过对社会问题的分析和研究，运用法律推理来制定和修改法律条文。法律论证帮助立法者理解不同法律规定之间的关系，确保新法律能够与现行法律体系协调一致，并有效解决现实中的法律问题。在制定新的环境保护法时，立法机关会基于大量的调查数据、社会需求和司法实践，进行法律论证，确定应当采取哪些法律措施来应对环境污染问题。法律论证的应用确保了法律的制定不仅符合法律逻辑，还能有效回应社会实际需求。

四、司法解释中的法律论证应用

司法解释是对法律规定的进一步澄清与补充，其目的是在具体案件中为法官提供更为明确的适用指导。在司法解释过程中，法律论证能够帮助最高人民法院及相关机构通过对现行法律条文的分析，结合实际案例，得出适用于特定情境的法律解释。司法机关应确保法律条文在不同司法实践中的适用不会产生歧义。例如，在涉及“贪污罪”定义的司法解释中，法官可能会依据法律论证说明何种行为构成了“贪污”，从而确保该罪名的适用范围清晰明确。司法解释有时会通过法律论证调整法律条文在实际中的适用方式，使其更好地适应社会发展和实际需求。

五、法律咨询与合规中的法律论证应用

法律咨询和合规领域也是法律论证的实践应用场景。法律咨询是指律师和法律顾问通过对客户提供的事实背景进行分析，结合相关法律规定，为企业和个人提供法律意见。法律论证在此过程中帮助客户理解其行为可能面临的法律后果，确保其在行动前能够遵守法律规定，规避潜在的法律风险。在公司并购过程中，法律顾问可能会通过法律论证分析收购行为的合法性，确定是否符合反垄断法等相关法规的要求。顾问为企业提供了明确的法律框架和行动指导，帮助其规避法律风险，确保合规操作。

第五章

法律论证的谬误识别与规避

法律论证中的谬误识别与规避是确保法律推理准确和公正的关键。常见的谬误包括非法推理、循环论证、偏见推理等，这些错误往往源于对法律条文和事实的误解或滥用。法律从业者需要具备严谨的逻辑思维能力，通过细致分析案件的每一细节，避免盲目类比或过度推断。通过规范化推理流程，可以有效避免这些逻辑陷阱，从而提升法律结论的有效性和社会接受度，确保司法公正与权威。

第一节　法律论证中谬误的识别论

法律论证是法官、律师和其他法律从业者在司法实践中对案件进行推理和论述的过程。然而，由于推理的复杂性和多变性，常常会出现一些逻辑谬误，这些谬误会严重影响法律论证的有效性和可接受性。因此，识别法律论证中的谬误至关重要，这有助于确保推理过程的严密性和判决的公正性。

一、形式谬误

形式谬误是指在法律论证过程中，推理结构本身存在问题。这类谬误通常表现为逻辑推理形式不规范或不成立，导致论证结论无效。常见的形式谬误包括：

（一）非法推理

非法推理是法律论证中常见的一种逻辑谬误，其指的是前提和结论之间缺乏有效的逻辑联系。换言之，非法推理是一种表面上看似合理但实际上无效的推理方式，其逻辑结构存在缺陷，导致得出的结论无法从前提中自然推导出来。这种推理往往表现为对事实或法律条文的错误理解或滥用。它不仅影响论证的质量，还可能导致法律结论的不公正和不合理。通过分析非法推理的特点和表现，可以更好地识别并避免这种错误。非法推理在法律论证中最典型的表现是将相似的案件或情境当作完全相同的案件或情境进行推理。在刑事案件中，如果一名嫌疑人因其与另一名嫌疑人有相似的背景、身份或行为模式而被推定有罪，这种推理就是非法推理。案件中的每个事实都具有独特性，虽然案件当事人的身份、背景或行为模式相似，但这并不意味着结论也必然相同[①]。法律推理应当考虑案件的具体情况，而不是简单地通过相似性进行类比推理。如果推理过程仅仅依赖于身份相同或者背景相似，那么就忽视了个案的独特性，缺

① 王芃.法律思维训练与课程思政的融合路径研究——以《法律逻辑学》为例[J].牡丹江教育学院学报，2023(4):80-83.

乏充分的法律依据和逻辑支撑。

非法推理还常常表现为从不相关的前提中得出结论。这类错误的推理方式依赖于无关前提，试图从中引出与案件结论无关的推理。民事案件中，可能有人因为某一方当事人的过往历史或个人背景，推导出该方一定存在某种特定行为或责任，但这并不能直接作为判决依据。案件的判定应当基于案件本身的事实和证据，而不是基于无关的前提或外部信息。无关的前提不仅无法支持合法的推理，反而会偏离案件的核心问题，导致结论的错误。此外，非法推理也可以表现为推导过程过于依赖表面相似的现象，而忽视了背后深层次的法律逻辑。法律工作者可能会在没有全面分析案件事实的基础上，简单地将案件与已判定过的类似案件进行类比。比如，在某些知识产权案件中，法律工作者可能会错误地将一种产品的相似做法与判例中已认定的侵权行为相比较，忽略了案件中的具体细节和法律规定。这种推理方式看似合理，但其实忽略了案件背景、法条的具体适用范围和案件的具体证据，导致了结论的片面性和不准确性。

非法推理还可能表现为证据不充分的情况下强行得出结论。在一宗刑事案件中，如果法院仅凭嫌疑人以往的犯罪记录或某些表面证据推测嫌疑人的罪行，而未能充分审查案件的所有证据和细节，那么这种推理就属于非法推理。法律论证要求结论必须建立在充分的证据基础上，不能仅仅依赖某一部分证据或片面的推理。没有证据的支持，推理就失去了基础，其结论也就无法得到法律的认同。非法推理的危害不仅仅体现在逻辑错误上，它还可能对法律的公正性和权威性造成严重影响。法律判断的基础是公正和公平，而非法推理可能导致个别案件判决的不公正，甚至可能引发司法误判。对于法律从业者而言，避免非法推理的发生，首先需要具备严谨的逻辑思维能力和深刻的法律理解力，应当严密审视每一个推理步骤，确保每个结论都有充分的事实支持，并且每一个推理都能从合理的前提出发，得出合法且公正的结论。

（二）循环论证

循环论证是一种逻辑谬误，它体现为在推理过程中，结论被用作前提来支持自己，从而形成一种自我证明的闭环。循环论证往往缺乏足够的外部证据支持，使得论证过程无法有效推动案件的判决。尤其是在辩护过程中，某些律师可能会使用这种谬误，试图通过强调结论来“证明”自己所辩护的观点。这种推理方式不仅逻辑上无效，还会削弱论证的说服力，因此在法律实践中应当特别警惕。循环论证通常表现为直接或间接地将待证的结论作为前提进行论证，这使得论证陷入了逻辑上的自我强化。某一案件中，辩护律师可能会用“被告无罪，因为他没有犯罪”来辩护。表面上，这句话看似逻辑自洽，但实际上它没有为被告的无罪提供任何实质性证据或有效推理。此类辩护的推理缺乏充分的外部证据支持，仅依赖于待证结论本身，无法有效说服法官和陪审团。实际上，这种论证方式只是简单地重复了结论本身，未能提供任何有力的证据来证明被告的无罪。

循环论证容易导致结论的无效性，无法真正推进法律论证的合理化。如果律师仅仅依赖于循环论证，而没有提供其他具体的证据或反驳控方证据的有效论点，那么其辩护就会显得空洞且缺乏实质内容。这种推理方式不仅无法说服法庭，还可能影响法官对案件的整体判断，导致裁决的偏差。循环论证也可能出现在检察机关的指控过程中。检察官可能会以“被告有罪，因为他被发现有犯罪嫌疑”来提起诉讼，这种推理没有明确说明犯罪嫌疑的具体证据和事实，而是通过一个含糊的指控将罪行的发生本身视为前提，进而得出被告有罪的结论。此类推理不仅不能证明被告的有罪，还使得法律推理陷入了闭环，缺乏有效的证据支持。检察机关在指控时应当提供具体的证据链条，清晰地阐明每个环节如何支持其结论，而不是依赖于模糊和自我证明的推理。

循环论证的存在意味着缺乏开放性和外部验证。在有效的法律论证中，结论应该是可以通过外部证据和推理过程验证的。而循环论证则将结论作为推理的基础，忽视了证据的独立性和事实的客观性。这种推理不仅限制了法律判断的透明度，还削弱了判决的公信力。如果法官和陪审团发现论证中存在循环论证的成分，他们往往会对该论证的有效性产生怀疑，从而影响案件的最终判决。此外，循环论证也暴露出法律从业者在推理过程中缺乏足够的严谨性。律师、检察官及法官在法律实践中，都应该注重推理的严密性和逻辑性，而循环论证恰恰是由于这一点的缺失。它不仅违背了法律推理应当基于实事求是、逻辑自洽的原则，而且容易使法律程序陷入不必要的混乱和不公正。如果循环论证成为惯用的辩护策略或指控方式，司法系统的公正性和权威性将受到严重挑战。从法律论证的角度看，避免循环论证要求法律从业者具备清晰的思维方式和独立的证据判断能力。任何结论都应当建立在充分且合理的证据基础上，而不是通过逻辑上的自我验证来增强推理的可信度。律师和检察官应当努力提供能够证明结论的实际证据，避免陷入闭环式的推理模式，以确保法律论证的有效性和公正性。

（三）虚假因果关系

虚假因果关系是法律论证中的一种常见逻辑谬误，指的是在推理过程中错误地假定两件事物之间存在因果关系，然而这种因果关系并未得到合理的证明或充分的证据支持。虚假因果关系的出现往往会导致错误的推理。它的核心问题在于，推理者未能全面考虑可能存在的其他因素或解释，直接将两个事件之间的关联性当作因果关系来推导结论。这种逻辑错误常常出现在刑事案件、民事诉讼以及行政处罚等多个领域。事实关系是多方面的，涉及多种可能性和原因，而虚假因果关系则将这些复杂的关系简化为单一的因果链条。在某个犯罪案件中，可能会出现这样一种推理："被告出现在犯罪现场，因此他一定是罪犯。"这种推理表面上看似成立，但实际上并没有充分证明被告与犯罪之间必然存在因果联系。被告出现在犯罪现场并不一定意味着他与犯罪行为直接相关，他可能只是恰巧在场，或者是目击证人，与案件中的犯罪无关。因此，法律推理不应简单地将某一事件的发生与另一事件的结果直接挂钩，而应当深入挖掘可能存在的其他解释和原因。

在法律审理中，正确的事实认定至关重要。虚假因果关系通过忽略其他可能性，导致对事实的片面解读，从而影响法律结论的公正性。在一起交通事故的民事赔偿案件中，如果原告提出"被告车辆与我车相撞，因此被告应当承担全部责任"，这种推理可能就忽视了其他因素，如原告是否存在违章行为，或是否有其他外部因素影响了事故的发生。真正有效的法律推理应当全面考虑所有相关证据，而非通过简单的因果假设来得出结论。法官和陪审团常常依赖证据链条来判断被告是否有罪，如果案件中的推理出现虚假因果关系，可能会导致对被告的错误定罪。举例来说，在某起盗窃案件中，如果唯一的证据是"被告曾在案发现场出现"，但没有进一步证实被告的行为与盗窃事件之间的因果关系，就可能产生错误的判决。这种因果关系的误判，不仅会对被告造成伤害，还可能对社会公众的法治信任产生负面影响。因此，法律推理应当注重对因果关系的深入分析，并排除可能的虚假关联。

虚假因果关系往往是过度依赖表面证据或过于简化推理逻辑所致。法律从业者需要具备细致的分析能力，避免仅凭表面现象就下结论。在某些环境污染案件中，可能会出现这样的推理："污染企业的废水排放与河流污染之间有直接关系，因此企业应当承担污染责任。"这种推理忽视了可能的其他污染源，或者未能充分调查废水排放对河流污染的具体影响。法律推理必须建立在充分、细致的调查和证据支持上，才能得出合理的结论。要避免虚假因果关系，法律从业者必须具备严谨的逻辑思维和证据分析能力。在法律论证时，不应仅仅依赖表面证据或简单的因果链条，而要全面考虑案件中的所有因素，包括证据、相关背景和可能的其他解释。同时，法官和陪审团在审理案件时，也应警惕虚假因果关系的陷阱，确保推理过程合理且合乎逻辑。只有通过科学严谨的推理，法律判决才能真正体现公平与公正，避免因虚假因果关系而导致的不公正结果。

二、非形式谬误

非形式谬误指的是在法律论证过程中，尽管推理形式正确，但由于未能合理处理事实、价值观或其他相关因素，导致论证结论不可信。

（一）诉诸人身

诉诸人身是一种常见的逻辑谬误，在法律论证中表现为一方不直接回应论点的内容，而是转而攻击提出论点的人或其身份。这种策略虽然在表面上似乎能够削弱对方的说服力，但实际上并未对论证本身进行有效辩驳。诉诸人身的出现，不仅削弱了论证的逻辑性，还可能导致法庭或社会对案件的错误认知，甚至影响案件的公正判决。诉诸人身的根本问题在于它混淆了证据的有效性与当事人或证人的个人背景之间的联系。有效的法律论证应当关注证据本身的真实性和可信度，而不是对提出证据者进行攻击。在庭审过程中，律师可能会采取“诉诸人身”的策略，质疑对方证人的人格或背景，以此否定其证词的价值。一方律师可能会说：“你这个证人曾因犯罪被定罪，所以你所提供的证词不可信。”这种做法实际上并未针对证词的内容进行辩驳，而是通过抨击证人来达到削弱证词可信度的目的。然而，证人的过去犯罪记录和其所提供证词的真伪并无必然联系。有效的法律辩护应当聚焦于证词本身的矛盾、证据的不足或证人的不实陈述，而不是单纯的人身攻击。

诉诸人身的做法会分散法庭的注意力，使法庭无法专注于案件的实际问题。法庭是一个审理案件的地方，辩论应当围绕案件的核心问题展开，而不是陷入对个体的品德或过去行为的讨论。若一方当事人不断通过人身攻击来分散注意力，就容易让法官和陪审团忽视案件本身的证据，误判案件的真正事实。在某些刑事案件中，控方可能通过攻击被告的个人品德和过往记录，试图证明被告的罪行，但这往往并未直接证明被告在此案中的犯罪事实。这种方法不仅浪费了法庭资源，还可能误导陪审团或法官，使他们关注被告的个人历史而非案件本身。法律的核心精神在于公正，而公正的裁决必须基于事实与证据，而非对当事人身份或过往行为的评价。如果法庭在审理案件时陷入对当事人个人攻击的漩涡，将无法保证公平裁决。在一起民事赔偿案件中，一方律师如果通过攻击对方律师的道德品质或背景来削弱对方的论点，这无疑会影响法庭对案件的客观判断。法庭应始终保持公正的立场，评估每个证据的有效性，而不是依赖个人声誉来决定案件的结果。

法庭和司法系统的公信力来源于其公正和客观，而通过人身攻击的方式进行辩论可能被公众视为不专业，甚至是不道德的行为。特别是在涉及高社会关注度案件时，过度的人身攻击可能被公众误解为司法腐败或不公，进而降低社会对司法机构的信任度。如果律师通过攻击证人个人背景来质疑证词的可信度，这可能引发社会对法庭判决的质疑，认为司法审判并非公正无私，且不注重实际证据和案件的客观真相。为了避免诉诸人身的谬误，法律从业者必须具备专业的辩护技巧和充分的证据支持。辩护过程中，律师应当聚焦于案件事实本身，通过客观的证据分析来支持自己的论点，而非将注意力转移到对对方当事人的个人攻击上。在面对反对方提出的人身攻击时，律师应当冷静应对，强调论证的客观性和合法性，回归案件的核心内容，确保法庭审理聚焦于案件事实本身。

（二）虚假两难

虚假两难是一种逻辑谬误，它在法律论证中常常表现为将复杂的问题简化为二者之间的选择，忽视了其他可能的选择或解决方案。这种谬误通过过度简化问题，迫使决策者做出非此即彼的选择，而实际上许多案件的处理方式往往比在二者间作出选择要复杂得多。虚假两难的推理往往导致不全面的判断，忽视了多种可能的解决路径，从而影响了司法决策的合理性与公正性。案件的处理往往涉及多个层面的考量，不仅仅是"有罪"与"无罪"之间的简单选择。法官面临的不仅是被告是否有罪的问题，还包括是否存在减轻或从轻处罚、是否应当考虑被告的悔过表现、是否有有效的辩护理由等多重因素。如果论证者将案件的处理简化为"有罪或无罪"的二选一，就忽略了案件中可能存在的复杂情况和多重判断标准，从而导致决策的单一化和片面化。

虚假两难的推理方法可能导致法官或陪审团过于依赖简单的判断框架，忽视了案件的具体细节和法律条文的适用。在案件中，尤其是在民事诉讼和行政诉讼中，法律判决往往不止于某一方“胜诉”或“败诉”，还涉及对权利和义务的平衡、对各方利益的考量。虚假两难的论证方式常常通过简单的二元对立来误导法官，忽视了法律判决应当遵循的复杂法理和个案具体情况。在一起合同纠纷案件中，如果仅仅将问题归结为“原告胜诉或被告胜诉”的选择，就忽略了是否可以通过和解、调解或其他灵活的法律手段来解决问题，那么这种简化的推理就未能反映法律制度的多样性和包容性。虚假两难的谬误可能会使法庭的裁决过于极端，无法体现法律的宽容性和灵活性。在许多司法实践中，法律不仅是用来判定是非对错的工具，它还应当提供一定的灵活性来应对不断变化的社会现实和复杂的个体情况。在环境保护案件中，如果法律论证被简化为“保护环境或发展经济”的二元选择，这种推理忽略了环境保护与经济发展的兼容性。环境保护和经济发展并非非此即彼的选择，而是可以通过综合性政策协调的方式来实现双赢。因此，虚假两难的推理方式往往会使法庭的决策过于极端，无法适应社会与法律的多元需求。

虚假两难的论证方式可能还会导致对社会公众的误导。在一些具有广泛社会关注的案件中，论证者通过虚假两难来简化问题，容易造成社会公众对案件的片面理解。某些刑事案件中，辩方律师可能会将案件论证为“判刑或放弃法律正义”的两难选择，而忽视了法律正义的多重实现方式，如公正审判、适当减轻刑罚、悔过教育等。这种简化的二元选择框架，不仅没有帮助公众厘清案件的实际情况，反而可能误导公众认为司法系统只能提供单一的判决结果，从而影响社会对司法公正的信任。此外，虚假两难的谬误也可能导致法律程序的硬性和不灵活。在许多复杂的案件中，法律程序应当提供多种解决方式，而不仅仅是二者之间的选择。法官和律师应当具备全面的分析能力，充分考虑案件的各个方面，例如案发背景、证据的充足性、各方的责任与权益等，在此基础上做出更为综合的判断。如果法律论证过程中使用了虚假两难的推理方式，就可能导致对案件的过度简化，从而影响案件的公平处理。因此，为了避免虚假两难的谬误，法律从业者应当具备更强的法律思维能力，避免将复杂的问题简化为二选一的选择。法官应当全面审视案件的各个方面，做出灵活、合理的裁决。法律论证也应当避免过于简化的推理，注重对所有可能性和法律选项的评估。这样才能确保法律判决更加精准、公正，符合社会的期望与法律的精神。

（三）诉诸情感

诉诸情感是一种常见的逻辑谬误，它在法律论证中表现为将情感、同情或其他非理性因素引入辩论，试图通过触动情感来影响判决结果，而不是通过法律条文或理性推理来支持论点。这种谬误常常出现在辩护或案件的呈现过程中，当论证者希望通过情感的手段来争取对某一方的宽容或理解时，往往忽略了法律的客观性和公正性。诉诸情感的谬误通常通过强调当事人的个人背景、遭遇或情感状态来影响法院的判断。律师可能会强调被告的贫困、家庭困难或社会边缘化的背景，试图通过激起法庭的同情心来减轻其罪责。虽然了解当事人的个人情况和背景在某些程度上是审理案件的一部分，但如果过度依赖情感而忽视法律依据和证据，就会导致偏离法律的公正原则。这种方式缺乏对案件本身的法律分析，也可能使法庭的判决带有不公正的倾向，损害司法独立性和客观性。在大多数法律案件中，特别是刑事案件和民事纠纷案件，判决应当基于对案件事实的客观分析、证据的合理评估以及相关法律条文的适用，而不是通过情感化的因素进行干预。比如，在一起涉及盗窃的案件中，如果辩护律师将焦点放在被告的贫困和家庭背景上，而非针对被告的具体犯罪行为、证据链和法律条文进行辩护，那么这样的论证就属于诉诸情感的谬误。案件应当根据事实来裁决，而情感因素可能导致对法律适用的偏离，破坏了判决的客观性和公平性。

法律是一种普适的规则，旨在维护社会的公平与秩序，不应当受到个人情感或情境的左右。诉诸情感的辩护方式容易使判决显得偏向某一方的特定情感状态，从而对其他案件产生不公平的影响。如果法庭过于关注被告的个人困境，而忽视了其对社会法则的违反，那么相同类型的案件在不同法院或法官面前可能会产生截然不同的结果。这不仅会损害法律的权威性，也可能引发公众对司法系统公正性的质疑。然而，诉诸情感并非在所有情况下都是不当的。被告的行为可能受到了不幸家庭背景或心理状态的影响，这些因素在减轻处罚时可能会有所考虑。然而，关键在于，情感因素必须与案件的法律依据相结合，不能独立于法律理性之外。如果情感因素占据论证的核心地位，就会导致不合理的判决，甚至出现司法不公。

诉诸情感的谬误还可能影响公众对司法公正的认知。公众对法律判决的信任建立在法庭审理的公开、公正和透明度上，如果法庭判决被认为过于依赖情感或其他非理性因素，社会可能会认为司法判决缺乏客观性，从而对司法体系产生怀疑。在某些公众关注的案件中，过度强调被告的背景，可能使社会公众对案件的判决产生疑问，认为司法判决更多的是基于感情而非法律规定。这种情感化的判决不仅会影响公众对司法系统的信任，还可能导致公众对法律普遍性产生怀疑。此外，诉诸情感还容易导致对事实的误解或曲解。在辩护过程中，律师可能会利用当事人的情感故事来吸引法官的注意力，而忽视案件的关键证据或法律适用。例如，在一起暴力案件中，辩护律师可能会强调被告的痛苦经历和过去的创伤，而忽视了对犯罪事实的直接证据分析。虽然这些情感故事可能为被告的犯罪动机提供了某种解释，但它们不应当代替对犯罪行为的法律评估和证据判断。

（四）类比错误

类比错误在法律论证中表现为通过不恰当或不成立的类比来推导结论。当两个案件或情况在表面上相似时，律师或当事方可能会借此类比来支持某种法律结论。然而，如果类比的基础不充分，或被比较的案件在事实、法律关系、背景等方面有显著差异，那么这种类比就可能构成错误，导致不合理的法律推理。类比在法律论证中常常用于通过相似案例来推导结论，尤其是在没有直接法律条文适用的情况下，律师或法官可能会参考类似案件的判决或司法解释。然而，如果类比的基础过于脆弱，或者用来类比的案件之间存在本质差异，就容易造成类比错误。假设两个案件表面上都涉及盗窃行为，但其中一个是未成年人犯罪，另一个是成年人犯罪。虽然两者在某些方面相似，但它们的法律关系和适用的刑罚标准却存在显著差异。如果仅仅因为两者都涉及盗窃而类比推论，可能就会犯下类比错误。类比并不是机械类推，而是需要仔细分析两个案件之间的相似性和差异性。比如，律师可能会用一个判例中的辩护理由来支持另一起案件的辩护。然而，如果这两个案件的具体情节、涉案人员、案件的社会影响等方面存在较大差异，那么将其作为类比的基础就不成立。

法律的适用不仅依赖于案件表面上的相似性，还需要深入分析案件的具体法律关系。如果某个案件的判决是基于特定的法律条文，而另一起案件的法律关系与之根本不同，那么即使两者看起来相似，直接将一个案件的判决适用于另一个案件也是不合适的。某些国家的特殊法规定，允许在某些情况下免除未成年人的刑事责任。如果在一起案件中，辩护律师试图将未成年人的法律处理结果类比到成年人的案件中，这种类比就明显不成立。法律对于未成年人和成年人在刑事案件中的处理具有不同的标准和原则，因此这种类比错误不可能产生合理的结论。类比错误还可能在社会影响和政策背景上产生偏差。社会背景的变化可能导致相同法律条文在不同案件中的适用有所不同。某些法律改革可能会改变对某类案件的处理方式或标准，如果依然用旧有的判例进行类比，可能忽视了当前社会或法律环境的不同，从而得出错误的结论。尤其是当法律条文发生变化，或者法院的司法解释发生调整时，类比错误更容易出现。忽略这种变化，仅凭历史判例进行类比，容易导致判决不符合法律的最新发展。律师和法官需要根据具体的法律条文来分析案件，而不是仅仅依赖于类比推理。有时，某些律师可能会在没有充分理解相关法律条文的情况下，用类比推理来支持自己的观点。类比的使用应当谨慎，必须考虑到案件的具体背景、法律关系、社会影响以及现行法律的适用。如果类比的案件在这些方面存在显著差异，那么类比推理就不能提供有效的法律依据。尤其是在没有充分理解法律条文和司法解释的情况下，过于依赖类比推理可能导致不公正的结果，甚至影响法庭对案件的合理判决。

三、证据谬误

证据是支持推理结论的基础。如果论证依赖于不充分或不相关的证据，或者忽视了某些关键证据，就会导致证据谬误。这类谬误包括：

（一）选择性证据

选择性证据是一种常见的法律论证谬误，它在法律辩论中往往源于当事人或律师为了支持某一特定论点或观点，故意选取有利证据，而忽略或排除那些可能对自己立场不利的证据。这种选择性证据的做法，尽管在某些情况下看似合情合理，但其本质上却偏离了客观、公正的法律审查标准，最终可能导致不公平的法律判决。法律论证应当建立在全面、客观的证据基础之上，而不是片面选择符合个人立场的证据。选择性证据的出现通常是由于当事人或律师希望通过强化某一方面的证据来影响案件的最终结果。辩护律师可能会重点强调被告的良好品行、无犯罪前科等积极方面，试图证明其有悔过之心，进而减轻处罚。然而，这种选择性使用证据的方式忽略了案件中的其他重要证据，如目击证人证词、指纹或 DNA 证据等，可能会严重影响案件的公正性。如果辩护律师仅仅从有利于被告的角度选择证据，而不充分考虑案件中的有力证据，那么最终的判决结果可能会被误导，从而无法准确反映案件的事实真相。选择性证据不仅在刑事案件中常见，在民事案件中也同样可能发生。当事人可能会选择性地提交对自己有利的合同条款或证人证言，而忽略或排除那些不利于自己立场的证据。这种做法会导致法院对案件的全面性判断受到严重干扰，最终无法达到公正的裁决。比如，如果一方仅引用了合同中某些条款的内容，而未提及这些条款的适用范围或存在争议的部分，那么法院可能无法全面了解合同的全部内容。选择性证据的使用，往往让案件中的证据链条出现断裂，影响法律结论的正确性。

选择性证据在法律实践中的存在，反映了法律论证中对证据使用的不当。这不仅仅是对证据的片面解释，更是对证据链条的任意剪裁。案件的事实往往是由多个证据点构成的，只有综合各方证据，才能还原事实的全貌。选择性证据的做法，往往是从某一特定视角出发，忽视了其他证据可能带来的影响，导致无法全面审视案件事实。即使律师能够巧妙地利用某些证据支持自己的论点，但却可能因为忽略了其他证据而错失案件的整体真相。这种做法不仅违背了法律审理的基本原则，还可能对当事人的权益造成严重的损害。在法律审判过程中，法官需要依赖案件中的所有证据来进行判断。如果某一方通过选择性地提出证据导致案件的证据不全面，法官在做出裁决时可能会基于不完整的信息做出判断。尤其是在没有充分审查案件中各类证据的情况下，法官可能会在无意中倾向于某一方，从而影响案件的公正性。因此，选择性证据不仅对当事人的利益有损害，还可能破坏司法公正的实现。

如果案件的处理过程中发现一方存在有意识地、选择性地提出证据的情况，那么公众可能会对司法过程产生疑虑，认为法院无法做到完全公正、客观地审理案件。这样的情形不仅损害了法律的权威性，还可能影响司法的公正性，甚至对法治社会的稳定性产生负面影响。因此，法律论证中应当避免选择性证据的使用。所有证据应当得到公正、全面审查，而非仅仅依赖于某一方提供的有利证据。律师和法官都应当遵循证据的全面性原则，确保案件的每个方面都能够得到充分、客观考量，只有这样才能确保法律裁判的公正性，避免因选择性证据导致的误判。对于法官来说，应当具备足够的审查能力，对案件中的证据进行细致分析，防止因某一方的偏颇证据选择而影响裁决的准确性。

（二）证据不足

证据不足是法律论证中的常见谬误，它会严重影响论证结论的有效性和可接受性。证据是支撑法律推理和判决的核心基础，缺乏充分证据支持的法律论证往往无法产生有效的结论，甚至可能导致错误的判决。证据不足不仅仅意味着证据的数量不足，更多的是指证据的质量和关联性无法充分支撑论证的逻辑推理，导致结论的可靠性和权威性受到质疑。法律论证的有效性依赖于充足、可靠的证据。如果证据不足，得出的结论不仅缺乏说服力，而且容易被对方辩驳和推翻。假设某个案件中的某一方提出了某个证据来支撑其论点，但如果这个证据缺乏其他证据的印证，单凭这一证据很难形成有力的论证。如果在刑事案件中，辩护律师仅仅凭借被告的自供，而没有其他证据如目击证人、物证、监控录像等支持该供述，这样的证据就显得薄弱，甚至会被认为是证据不足。证据不足的情况下，结论不仅缺乏说服力，还可能误导法院，导致误判的发生。

证据不足可能导致证据链条的断裂，影响案件的全面审理。法律论证要求在一个案件中，各类证据应当紧密配合、相互验证，形成一个完整的证据链。证据不足不仅仅是证据的数量不足，更多的是各类证据之间缺乏有机的联系，无法形成一个清晰、坚实的推理基础。假设某案件中某一项证据的不足导致了其他证据无法充分佐证，那么案件的真相也可能因此被掩盖。例如，在一宗涉及财产侵占的民事案件中，若原告仅凭一份合同来支持其主张，但没有提供交易记录、银行转账凭证等其他相关证据，这样的论证就难以被法院接受。因此，证据的不足不仅影响单一证据的效力，更有可能使整个案件的证据链条发生断裂，影响对案件的全面判断。很多时候，法律从业者会在推理过程中忽略某些可能对案件有重要影响的证据，导致结论的偏颇。刑事案件中可能会有证据因程序不当、保存不善等原因未能被采纳，而这些证据本可以对案件产生重要的影响。如果没有对所有可能的证据进行充分的审查和收集，最终的判决可能会建立在不完整的事实基础上，严重影响案件的公正性。因此，证据的全面性和充分性是法律论证的基础，忽视任何一项可能的证据都可能导致对案件的误判。

证据不足还可能因与法官的认定标准不一致，导致法官无法根据案件事实做出公正裁决。法官通常根据证据的充分性来判断案件的事实真相。如果证据过于单薄，法官在审理过程中会感到缺乏有力的依据，从而影响其判决的准确性。法官也可能会因为无法充分确认案件的实际情况而产生怀疑，导致案件无法顺利判决，或判决结果与事实不符。因此，证据的充足性不仅关系到案件本身的处理，还直接影响司法公正的实现。证据不足还可能导致社会公众对司法公正产生怀疑。如果案件中某一方提出的证据严重不足，而法官仍然基于这些证据做出裁决，公众可能会认为司法判决存在偏差，甚至质疑司法系统的公正性。这种质疑不仅可能削弱公众对法律和司法机关的信任，还可能对法治社会的稳定产生负面影响。特别是在一些敏感案件中，证据不足可能会导致公众对案件处理的不满，进而影响法治建设的正常发展。因此，律师和法官都应当对案件中的所有证据进行全面、客观审查,确保所有证据能够形成有力的支持,以便得出公正、准确的结论。特别是在复杂案件中,律师和法官要尽可能地搜集、核实各种相关证据,避免因证据不足而导致错误判决的发生。同时,在面对证据不足的情况时,法律从业者应当谨慎地考虑是否继续推理和论证,避免不充分的论证结果影响案件的公正性和可接受性。

(三)虚假证据

虚假证据在法律论证中是极为严重的谬误,它不仅仅影响论证的有效性,还可能对司法公正产生深远的负面影响。虚假证据的使用,通常指的是当事人或代理人在法律程序中故意提供捏造或伪造的证据,以此来支持自己的立场或推翻对方的主张。这种行为不仅违反了法律的基本原则,还严重损害了法律制度的公信力。虚假证据的使用可能导致错误的判决和不公正的结果,甚至为当事人带来刑事责任。证据是所有法律推理的基础,它为法院判断案件事实提供了依据。如果在案件中,某方使用了虚假的证据进行论证,这不仅使得论证结论失去了有效性,也会对整个法律过程产生干扰。某一方如果提交了伪造的合同或虚假的书面证据,法院在基于这些证据做出判决时,所依赖的事实就被人为地扭曲了。尽管从法律程序上看似符合逻辑,实际上却是建立在虚假的基础上,导致的结论是不公正的。

刑事案件涉及被告的自由和人身安全,错误的判决可能对当事人产生毁灭性的后果。如果辩方或公诉方通过虚假证据来支撑自己的论点,结果可能是无辜的被告被判刑,而真正的犯罪嫌疑人则逃脱惩罚。一些人可能通过伪造目击证人的证词来试图为自己洗脱罪名,或在某些情况下,假证据甚至可能被用来引导对某人不利的结论,误导法庭做出错误判决。法律体系依赖于证据的真实性和可靠性,虚假证据的出现破坏了这一基本原则,可能导致冤假错案的发生。此外,虚假证据的使用不仅仅会影响案件的判决,还会带来法律从业者的职业道德危机。律师、法官等法律从业者在司法过程中承担着重大责任,他们的行为和判断直接关系到司法公正的实现。如果某一方故意提供虚假证据,相关法律从业者可能会失去社会的信任。如果律师被发现提供虚假证据,他们的职业信誉将遭受毁灭性打击,甚至面临执业资格的吊销。法官若未能及时识别虚假证据,并基于其做出判决,可能不仅会遭到社会的非议,还会面临职务上的惩罚或被追究责任。总的来说,虚假证据的出现使得司法过程的公正性和透明性受到了严重威胁。

公众对于司法体系的信任是法律制度正常运作的基础。如果虚假证据被认为在司法过程中可以被接受，社会对法治的信任将遭到削弱，社会公众对法院、律师以及法律机构的信任会受到影响，从而引发对司法公正性、法律权威性的广泛质疑。这种情形下，公民的合法权益难以得到充分保障，法治的基础也将遭遇严重挑战。公众如果失去对司法判决公正性的信任，可能导致社会不满情绪的蔓延，甚至动摇整个法治体制。识别虚假证据并加以防范，是确保司法公正的关键。法院和司法机关应当对所有证据进行严格审查，确保其真实性和合法性。对于明显虚假的证据，司法机关应当坚决予以排除，以保证案件判决的正确性和公正性，并应当建立起有效的机制来对证据进行核实，避免虚假证据的产生和传播。同时，律师和其他法律从业者也应当遵守职业道德，确保提供的证据和论据真实可靠，避免通过虚假证据来影响案件结局。

四、解释谬误

解释谬误指的是对事实或法律条文的错误解读或过度解释。这种谬误通常会导致法律推理过程的偏差，最终影响结论的正确性。常见的解释谬误包括：

（一）过度推理

过度推理是一种常见的法律论证谬误，它指的是对某些事实或法律条文的适用范围进行过度扩展，进而得出错误的结论。这种推理方式不仅没有准确把握法律条文的适用条件，还可能导致不合理的法律适用，从而影响案件裁决的公平和公正。过度推理的表现形式各异，常见的包括将某一法律条文应用到与之无关的案件中，或对法律条文的解释过于宽泛，忽视了其实际适用的限定条件。过度推理会导致法律条文被错误地适用于某些并不符合条件的案件。某些案件可能存在与其他案件相似的表面特征，但这并不意味着它们在法律上应当适用相同的结论。假设某一案件中，犯罪行为和情节符合特定刑法条文的规定，但如果将该法律条文机械地适用于所有类似案件，而不考虑案件的具体背景和特殊性，就可能发生过度推理的错误。这样不仅忽视了案件之间可能存在的重要差异，也使得法律适用缺乏灵活性和精确度，最终导致不公正的结果。

在法律解释过程中，法院或律师需要对法律条文的适用范围进行审慎界定。有时候，某些法律解释可能会偏离法律条文的实际内容，过度扩展其适用范围。有些法律条文的规定明确了其适用的特定情形和条件，但在法律论证中，解释者却忽视了这些限制条件，错误地将该条文适用于所有相似的案件。这种过度的解释使得法律条文的适用脱离了其本来的法律意图，破坏了法律的稳定性和预见性。法官或律师可能会依据某些事实推导出结论，但如果过度依赖这些单一的事实进行推理，而忽略了其他关键信息或复杂的背景，便会产生过度推理。例如，在一起交通事故案件中，法院如果仅仅基于当事人一方的陈述就认定其无过错，而忽略了其他证据或更为复杂的事实情节，就可能导致错误结论。这种过度推理不仅缺乏全面性，还容易忽视案情的复杂性和多维度的法律考虑。

过度推理的后果通常是多方面的，它使得案件的判决缺乏准确性，容易误导司法裁决。尤其是在复杂的法律案件中，如果对法律条文进行过度推理，不仅可能导致错误的判决，还可能影响到法律的适用效果和司法的公信力。过度推理可能带来法律的不确定性，尤其是在相似案件的处理上，如果法院没有明确的法律标准，而是依赖过度推理，可能导致相同类型案件在不同法院或不同法官之间产生不同的判决，造成法律适用的矛盾和混乱。最终，过度推理还可能损害当事人的合法权益，特别是在涉及重大刑事案件或民事赔偿案件时，错误的法律推理可能导致无辜者受到惩罚，或者受害者无法得到应有的赔偿。为了避免过度推理，法律从业者应当在法律论证过程中时刻保持理性和审慎的态度。法律条文的适用必须基于其明确的法律规定，而不能过度扩大其适用范围。法律解释必须坚持文本优先的原则，不能脱离法律原意进行随意的扩展。法官应当避免依据单一的事实推导出结论，而要综合所有证据，深入分析案件的具体背景。此外，法律从业者还应当保持对法律条文和判例的尊重，避免过度推理带来的不必要的法律风险和社会矛盾。

（二）法条误解

法条误解是一种常见的法律论证谬误，指的是在法律实践中，法律条文的解读和应用存在错误，导致法官或律师做出不符合法律原意的结论。这种误解通常发生在对法律文本的解释过程中，可能源于对法律条文字面意思的过度依赖，也可能是由于对相关背景和法律原则的忽视。法条误解不仅影响案件判决的公正性，还可能导致法律适用的偏差，从而破坏司法权威。法官和律师经常会遇到法律条文具有多重含义的情形。由于法律条文语言的抽象性和复杂性，某些词汇或句子往往有多重解读的可能。如果法律从业者过于依赖字面意思，而忽视了法律条文背后的立法意图和历史背景，便容易造成误解。在解释某个法律条文时，可能存在某一词汇的不同解释导致对该法律条文的适用产生不同的推理结果。过度依赖字面解释，忽略条文的整体性和目的性，最终可能会导致法律适用出现偏差，影响案件的公正审理。法律条文通常是在一定的社会背景和法律体系中产生的，其背后蕴含着一定的法律原理和社会目的。在解释和适用这些条文时，必须将它们放在更广泛的法律框架和现实情境中加以考量。如果忽视了法律背后的原则和目标，法律条文的解释便容易陷入片面和机械的状态。在解释某些涉及个人权利保护的法律条文时，如果没有充分考虑到个人自由与社会利益之间的平衡，就可能导致对相关权利的过度保护或过度限制，进而影响司法的公正性和社会的法治稳定。

在许多复杂的法律案件中，法官和律师往往需要参考判例法来辅助解读法律条文。如果对相关判例的分析不够深入，或者忽视了判例中所体现的立法精神，那么就可能误解该法条的适用条件和范围。判例法对于法律解释和应用具有重要作用，它有助于将法律条文具体化并适应社会的不断变化。倘若忽略判例法的指导作用，法律从业者在应用法条时可能会误入歧途，导致错误的法律结论。此外，法条误解在法律论证中不仅会影响结论的正确性，还可能导致案件裁判的不公正。法律是维护社会公平、正义的基石，而法律条文的正确理解和适用是确保司法公正的前提。如果法官在审理案件时误解了法律条文的意义，便会做出不符合社会伦理和法律精神的裁判。比如法院误解了有关“自卫”的法律规定，错误地认为被告的行为构成正当防卫，而实际上该行为并不符合法律规定的正当防卫条件，这将直接影响案件的公正判决，甚至可能导致无辜者受到惩罚或犯罪分子逍遥法外。为避免法条误解带来的不良后果，法律从业者应当在解释法律条文时，充分理解和把握该条文的立法背景、目的以及与其他法律条文之间的联系。首先，法官和律师在解读法律时，应注重法律条文的整体性和系统性，避免片面解释或断章取义，并应结合相关的司法解释、立法背景以及判例法，全面把握法律的真正含义。此外，避免法条误解还需要法律从业者具备严谨的法理思维和丰富的法律实践经验，能够从多角度、多层次分析法律条文的适用条件，确保法律适用的精准性和公正性。

(三) 滥用法律推定

滥用法律推定是指在法律论证和判决过程中，法院或法律从业者不当使用推定规则，导致推理和结论的不合理性或不公正性。推定在法律实践中是一种重要的推理工具，它帮助法官在缺乏直接证据的情况下，根据一定的法律假设推导出合理的结论。然而，当推定规则被滥用时，便可能产生偏差，甚至导致错误的裁决，严重时可能影响司法公正与法律的权威性。滥用法律推定的一个主要表现是基于不充分或不适当的证据进行推定。推定作为一种证明手段，能够帮助法官在缺乏直接证据时做出合理推断，但这种推断必须建立在充分的间接证据基础之上。如果法院在没有充分证据的情况下，基于某一假设或先入为主的观点推定某一方的责任或行为，便属于滥用推定。如果法官仅凭被告的某种社会背景、历史记录或某些无关的外部因素来推定其有罪，而没有足够的证据证明其参与犯罪行为，这样的推定便不符合合理推理的基本原则，也违背了推定应当建立在充分证据上的要求。

法律本身规定了推定规则，明确指出在特定情境下，可以根据一定的假设推导出事实。在某些税务案件中，法律规定可以基于纳税人的财务状况推定其收入来源，但这种推定通常需要符合严格的条件。如果法院或法律从业者对推定规则的适用过于宽松，忽视了其应有的限制条件，便可能导致不当的法律推定。如果法院在没有足够前提的情况下，将某一推定规则广泛适用于所有案件，可能会使推定失去其应有的合理性和公正性，最终导致错误的判决。此外，社会偏见和成见也可能导致滥用推定。某些案件中的推定往往带有社会偏见或刻板印象，这种偏见可能影响法律从业者的判断，使其基于无关的因素进行推定。某些社会群体可能因其背景或身份被不公正地推定为具有某种行为特征，从而影响案件的公正审理。当推定不再是理性推理的工具，而是偏见和成见的载体，则将导致推定结论的失误，甚至侵犯当事人的基本权利。法官和其他法律从业者必须警惕社会偏见对推定规则的影响，避免将法律推定变为不公平的工具。

滥用法律推定还可能体现在推定的范围和效果过度扩展。推定可能适用于某些事实的认定，但如果推定规则被过度运用到不相关的领域，就可能导致错误的法律结论。比如，在某些案件中，法官可能错误地推定某一行为的后果，或者将某种情况的推定过于广泛地应用于所有案件。这种过度推定容易忽视案件的个别性和特殊性，使得推定的结论与案件的实际情况脱节，从而破坏了法律推定应有的精准性。为避免滥用法律推定，法律从业者应当严格遵循推定的法律框架和适用条件。推定应当建立在充分证据的基础上，而非简单的假设或社会偏见。推定的结论应当具有足够的证据支撑，并能够合理地反映案件的实际情况。推定规则的应用应当严格遵循法律规定，不得任意扩大推定的适用范围。推定应当符合案件的实际背景和特定条件，而不是对所有案件进行机械适用。最后，法律从业者需要不断增强其推理理性和公正性，避免社会偏见对推定的影响，确保推定结果符合社会公平正义的标准。

第二节　法律论证中谬误的成因论

法律论证中谬误的成因可以从多个角度进行分析。通常，谬误的产生不仅与推理过程中的逻辑问题相关，还与法律实践中的主观因素、社会环境、知识水平以及法律体系的特点等多方面因素密切相关。

一、法律知识的缺陷

法律知识的缺陷在法律论证中往往是产生谬误的根源。法律条文、司法解释和判例法的适用，需要法律从业者具备扎实的专业知识。在面对复杂的法律问题时，知识的缺乏可能导致对法律的误解和错误的判断，从而影响到案件的公正与合理处理。法律从业者如果在某一领域的知识不够全面，特别是在特定法律条文的适用上出现偏差，便容易导致错误的推理和判决。这类知识缺陷常常表现在对法律条文的含义解读不准确，或是忽视条文中的适用条件和背景。例如，在解释合同法中的“无效”条款时，若忽视了条款设立的背景和适用的具体条件，便可能误导判决结果，甚至违背当事人的实际意图。在法律实践中，很多案件的判断并非仅仅依赖条文，而是需要参考普遍适用的法律原则。例如公平原则、诚信原则等，是贯穿各类案件中的核心理念。如果法律从业者对这些原则的理解不够深刻，可能会在具体案件中误用，导致法律适用上的错误。而对于法律制度和法理学的知识掌握不足，则更是导致法律推理失误的重要原因。良好的法律思维不仅指对法律条文的熟悉，更体现在对法理学的精深理解。法理学提供了法律推理的基础框架，帮助法律从业者理解法条的内在逻辑，保证推理的连贯性与合理性。缺乏对这些基础理论的扎实掌握，容易导致推理过程中出现漏洞，甚至得出与法律精神相悖的结论。

许多法律从业者可能会对某一领域知识相对薄弱，但在其他领域却有较为深入的理解。然而，在处理复杂案件时，往往涉及多个领域的法律问题，例如民事责任、刑事责任与行政责任的交叉。此时，如果法律从业者在某些领域的知识储备不足，便可能无法正确地判断法律适用范围，进而影响判决的正确性。

因此，法律从业者不仅需要具备全面的法律知识储备，还需不断加强跨学科的学习，以便应对越来越复杂的法律环境。法律从业者的知识积累不仅仅是一个阶段性的任务，更是一个持续学习和更新的过程。随着法律实践的发展，新的法律条文、司法解释和判例不断出现，法律理论和法学研究也在不断深入。若法律从业者不具备持续学习的态度，很容易被新的法律发展所淘汰，导致知识陈旧，从而无法准确理解和应用最新的法律规则。因此，持续学习、不断更新知识库，不仅是法律从业者维持专业能力的基础，也是避免法律论证中产生谬误的有效手段。法律知识的缺陷不仅影响到个别案件的判决，更可能影响整体的司法公正。错误的法律推理会导致不公正的判决，使当事人失去对法律公正的信任，甚至破坏社会对法律制度的信心。因此，法律从业者必须时刻保持对法律知识的敏感和学习的热情，不断提升自己的专业素养，避免在法律论证中因知识缺陷而产生谬误，确保法律的公正和准确。

二、推理技巧的不当使用

推理是判定案件、解释法律条文以及适用法律的基础。因此，法律推理的过程要求高度的逻辑严谨性和科学性。然而，由于法律从业者在某些情况下对推理技巧的掌握不够，可能会导致错误的推理结果，进而影响判决的公正性和准确性。推理技巧的不当使用不仅影响案件的审理，也可能损害法律体系的公信力。错误的推理往往表现为不当使用类比推理和因果推理，尤其在案件之间缺乏足够的相似性时，类比推理的滥用尤为显著。类比推理要求将相似的案件放在一起进行比较，从而推断出合理的结论。然而，类比推理并非适用于所有案件，特别是在两个案件之间缺乏实质性的相似性时，强行进行类比推理容易得出错误结论。例如，在两个涉及合同纠纷的案件中，如果判决的情境、背景和条款的解释有所不同，简单地通过类比推理处理案件，可能会忽视个别案件中的特殊性，导致判决的失误。因此，在法律推理中，类比推理应当谨慎使用，确保案件间具备足够的相似性，方能推导出有效的结论。法律推理中，准确识别和区分因果关系至关重要，因为错误的因果推断会导致推理过程中逻辑上的错误。因果关系的误判往往发生在将时间顺序误认为因果关系的情况下，或者在没有充分证据支持的情境下做出因果推断。例如，某一方可能错误地认为某个事件的发生是由前一个事件引发的，而忽略了其他可能的因素。若将这种误判应用于案件中，可能会导致对事实的错误认定，从而影响案件的结论。这种推理上的疏忽可能发生在所有类型的法律案件中，尤其是在刑事案件中，当证据不足时，错误的因果关系推断可能导致对被告的不公正审判。因此，法律推理中，特别是在涉及复杂事实的案件中，应当更加小心，避免将时间先后关系和因果关系混为一谈，确保推理的严谨性和逻辑性。

法律推理不仅仅是对条文的机械应用，更是对事实、证据和法律原则的综合分析过程。推理过程中，如果推理技巧使用不当，就可能出现认知偏差，导致错误的判断结果。错误的推理技巧不仅仅是逻辑上的错误，还可能源于主观因素的干扰。例如，某些法律从业者可能由于过于依赖某种推理方法，忽视了案件中其他的证据或法律要素，导致推理的偏颇。过度依赖某种推理技巧可能会造成判决的片面性，影响法律判断的客观性和全面性。因此，法律从业者应当时刻保持对推理技巧的敏感，避免依赖单一的推理方式，而应根据具体案件的特点和事实，灵活使用合适的推理方法。推理技巧的不当使用不仅影响个别案件的结论，也可能对整个司法系统的公正性产生负面影响。法律推理的基础是对事实、证据和法律条文的准确理解和运用。错误的推理技巧可能导致法律判断失误，从而影响公众对司法公正性的信任。推理技巧的准确运用对于保障司法公正、促进法律正义至关重要。因此，法律从业者应不断提高自身的推理能力和逻辑素养，避免推理技巧的不当使用和滥用，确保每一项法律判断都基于严密的推理和科学的方法。通过不断加强推理技巧的训练与实践，法律从业者能够提高自身的专业水平，减少推理错误，保障法律判决的客观性、公正性和准确性。

三、情感因素的干扰

情感因素在法律实践中往往是一个潜在的干扰源，尤其当案件涉及道德、伦理等敏感话题时，这一问题尤为突出。法律从业者包括法官、律师等，往往在案件处理中带有一定的主观情感或社会观念，这可能对案件的公正性产生负面影响。情感倾向如果未得到有效管理，会在无形中影响法律判断，导致论证中的谬误，甚至可能产生不合理的结论。在处理刑事案件时，尤其是那些与社会公正密切相关的案件，法官或律师若受到情感干扰，可能会在证据的分析和判断中出现偏颇。例如，在一些关系到家庭暴力的案件中，法官若对受害者有过多同情或对加害者怀有偏见，可能会影响案件审理的客观性。这种情感偏向不仅可能导致对证据的错误解读，还可能使法官在情感因素的驱使下做出过于情绪化的判决。法律本应是冷静、理性和公正的，而情感干扰则是它的天然敌人。除此之外，法律工作者的社会偏见也常常在无意识中影响案件的审理。例如，对涉及性别歧视、种族歧视或其他社会敏感话题的案件，法律从业者往往带有固有的文化观念和情感倾向。如果这些情感倾向未能得到有效控制，便可能在案件中产生对某一方不公正的评价，进一步扭曲事实的真实面貌。在这些案例中，情感因素不仅会影响法律解释的准确性，还可能使案件的结果偏离公正的轨道。

情感因素干扰法律判断的情况不仅仅局限于法官和律师个人情感的影响，公众舆论亦是一个不容忽视的因素。公众情感和社会态度对案件的处理有时会施加很大压力。在一些案件中，社会舆论的强烈反应往往要求法律从业者做出符合大众情绪预期的判决，这就可能导致偏离公正审判的法律原则。尤其是媒体的报道可能会让公众对案件事实产生误解，而这种误解通过社会情感的传递，影响到法律从业者的决策。在司法实践中，如何有效避免情感因素的干扰，是确保法律公正和合理性的重要课题。首先，法律从业者需要保持高度的职业敏感性，意识到情感可能对自己判断产生的潜在影响，并学会在案件处理中尽量剥离个人情感与社会偏见。其次，法院和律师事务所应当加强对从业者的职业道德和法律知识的培训，提升其理性分析问题和处理案件的水平。此外，法律实践中的透明度和独立性也是防止情感干扰的重要因素，通过公开透明的审判程序以及多元化的审判机制，可以减少情感偏向对案件结果的影响。

四、社会和文化偏见

社会和文化偏见在法律实践中常常是难以察觉的干扰因素，它们深深扎根于每个社会群体的价值观、历史背景和文化传统中。这些偏见不仅是无意识的，而且可能潜移默化地影响法律从业者的判断，特别是在涉及敏感社会议题时，如种族、性别平等和群体歧视等问题。法律应当是公正无私的，但社会文化背景的影响却可能让法律从业者的判断偏离应有的公正轨道，导致对案件事实的误解，进而影响最终的判决。社会对某些群体的刻板印象和偏见是一个重要的影响因素，可能在法律处理案件时显现出来。例如，在一些刑事案件中，法官或律师可能无意间受到社会对外来人口、少数民族或贫困群体的负面看法的影响。若法官在审理案件时带有潜在的偏见，可能会低估某些群体的社会背景和实际处境，从而导致判决失衡。在涉及弱势群体的案件中，社会对这些群体的偏见，可能让法律从业者产生对案件的不公正看法，错误地解读事实或曲解证据，最终影响案件的审理结果。社会和文化偏见的另一个表现形式是性别歧视。尽管现代社会提倡性别平等，但在一些地区或文化中，性别偏见仍然深刻影响着人们的行为和判断。尤其在处理涉及性别暴力、职场性别歧视等案件时，法官或律师可能受社会文化背景的影响，产生对女性或男性的不公平评价。性别偏见可能导致对证据的片面解读，或者对当事人的行为进行错误评估。例如，在一些性骚扰案件中，法官可能会因文化背景中的性别偏见，对受害者产生怀疑，认为其行为有引发事件的责任，而忽视加害者的恶意行为。

每个文化都有其独特的道德标准和行为规范，这些文化背景可能在无形中影响案件的处理，尤其是当案件涉及不同文化之间的冲突时。例如，在跨文化的案件中，社会和文化偏见可能导致对某一方行为的误解，从而影响案件判决的公正性。在这些情况下，法律从业者若未能意识到自己所具有的文化偏见，便容易做出基于刻板印象的判断，而非基于事实和法律。这种偏见并非只能通过个人的努力消除，还需要在法律体系和职业教育中予以关注。首先，法律从业者应当保持高度的自觉，时刻警惕自己的文化背景和社会观念对判断的潜在影响。尤其是在处理涉及群体歧视、性别平等、种族问题等敏感案件时，法律从业者应当更加注重理性分析和证据呈现，而非让文化和社会偏见左右判决。其次，法律职业的培训也应加强对文化敏感度的培养，通过案例教学、跨文化对话等方式，帮助从业者理解不同文化背景下的行为与价值观，避免陷入文化偏见的陷阱。通过对不同社会群体的关注，保证审判人员在审理案件时能公平、平等地对待所有群体，减少社会偏见对案件处理的影响。同时，在法院审判过程中，审判员和辩护律师等各方应当具备足够的文化背景理解能力，避免基于文化背景进行不公正判断，确保判决结果公正、合理。

五、司法体系和法律制度的局限

尽管法律理论强调公正与理性，但实际的司法程序和制度架构往往受到许多内外部因素的影响，可能对法律判断产生深远的影响。在不同国家和地区，法律体系的设计、司法程序的效率和法官独立性的保障等，都对法律论证的结果起着至关重要的作用。若司法体系存在制度性缺陷或程序过于烦琐，便可能导致案件审理的效率低下，甚至对案件的客观公正性产生不利影响。司法体系的制度性缺陷可能直接影响案件的处理效果。

一些法律程序的冗长和烦琐，可能让案件的审理拖延很长时间。特别是在那些涉及多个法律条文或需要多次审理的案件中，过于复杂的程序往往使得案件的核心问题被掩盖，甚至出现程序性错误。这种情况不仅浪费了司法资源，也使得案件的判决变得迟缓，影响了法律论证的及时性和准确性。长期下去，这种程序性缺陷还可能削弱公众对司法公正的信任，进而影响法律体系的公信力。司法机关可能受到政府或其他外部力量的干预，导致法官在判决过程中无法完全独立作出判断。此时，法官的法律判断容易受到政治、经济或其他利益相关方的影响，从而产生偏颇的法律论证，甚至出现对案件事实的忽视或误判，法律论证的客观性和公正性可能受到严重影响。司法独立性的缺乏，不仅会影响个别案件的判决结果，还会破坏法律体系的整体公信力，削弱公众对法律的信任。在司法资源紧张的地区，法律从业者面临的压力也相当大。

第三节　法律论证中批判性思维的构建

批判性思维使法律从业者在进行法律推理时，不仅能够发现其中的漏洞和不足，还能更准确地评估证据的有效性、法律适用的合理性及论证结论的合规性。批判性思维的构建不仅能够提高法律论证的质量，还能确保司法过程的公正和透明。

一、法律分析中的疑问与质疑

（一）不满足表面结论的分析需求

批判性思维要求法律从业者在面对案件中的现有结论时，能够超越表面现象，深入思考案件的深层次问题。在法律分析中，单纯依赖表面的证据或表面推理往往容易导致对案件关键问题的忽视，进而影响案件的最终判决。批判性思维促使法律从业者质疑现有结论，深入挖掘案件的背景与事实，探索案件中未被充分讨论的方面。例如，在处理复杂刑事案件时，法官不能仅仅基于案件的外部证据做出快速判断，而要深度剖析案件的各个环节，探究每项证据背后可能存在的不同解读和意义，避免偏颇或片面推理的发生。疑问和质疑不仅限于对案件中直接涉及的当事人和证据，也包括对案件背景和社会环境。这要求法律从业者对案件背景进行广泛的理解和反思，思考案件所涉及的社会、历史及文化背景，并评估它们对案件判断可能带来的影响。批判性思维有助于拓宽法律分析的视野，防止陷入过于狭隘的法律框架中。

（二）推动法律推理的深度与广度

批判性思维的核心在于对法律推理过程的精细化分析。法律推理不是从法律条文到案件结论的直接连接，而是需要从多方面进行综合分析，确保每一步推理都有清晰的逻辑支撑。批判性思维要求法律从业者不断提出问题及假设，检验推理的有效性，从而确保案件的每一项证据、每一个论点都经过充分检验和辩论。法官和律师应当主动提出："这项证据的解释是否有其他可能性？""这个推理是否依赖于某些不充分的前提条件？"通过提出这些问题，法律从业者能够清楚地识别推理过程中潜在的逻辑漏洞。批判性思维能够促使法律推理在更广阔的维度上展开，结合更为复杂的社会和法律情境，避免由于推理过于简化或框架过窄而做出错误判决。案件的具体事实和证据可能并不完全明确，批判性思维要求法官不要轻易接受单一证据或单一解释，而应考虑证据之间的相互关系、可能存在的反证据以及法律适用中的其他解释空间。通过多角度思考和严谨分析，法律推理能够更好地达到公正、公平的判决①。

（三）识别潜在偏差和过度简化的风险

批判性思维不仅仅是针对论证内容进行质疑，还包括对推理过程中可能存在的偏差进行审视。推理的偏差可能源于对证据的片面解读、对法律条文的错误理解或对社会背景的忽视。批判性思维要求法律从业者时刻警觉这些潜在的偏差，以确保案件的判断不被主观因素、情感偏向或社会偏见所影响。法院在审理某一案件时，可能因为案件所涉及的社会问题引发公众情绪，进而对案件结论产生影响。批判性思维要求法律从业者时刻意识到这种风险，并通过质疑现有的推理框架来避免情感化推理。通过反思自己的假设和推理过程，法律

---

① 王芃．法律思维训练与课程思政的融合路径研究——以《法律逻辑学》为例[J]．牡丹江教育学院学报，2023(4)：80-83.

从业者能够识别和修正不合理的判断，确保案件的结论更加客观和公正。此外，批判性思维也有助于避免过度简化案件事实。案件中的每一个细节都可能对最终的法律适用产生深远影响，批判性思维要求法律从业者不仅要看到表面的法律问题，还要深入挖掘潜在的法律关系和社会背景，避免因推理的过度简化而产生错误结论。

二、推理与逻辑的严谨性

（一）确保推理的逻辑一致性与合理性

批判性思维要求法律从业者在推理过程中保持逻辑的一致性和合理性。推理并不是简单地依据法律条文做出结论，而是要根据案件的具体事实与证据，结合法律规范进行合理推演。因此，每一个推理环节都必须清晰明了，具有合乎逻辑的关联性。法律从业者应避免在推理过程中出现逻辑跳跃，例如在没有充分证明的情况下，直接从一个假设推导出结论。如果仅仅通过一个证人证言得出被告有罪的结论，而忽略了其他相关证据或对证词的质疑，这种推理就可能存在逻辑漏洞。批判性思维要求法律从业者避免这样的简单推理方式，而是要确保所有推理过程均基于充分的证据和严密的逻辑结构。每一步推理都需要严格验证，确保不会从一个未经充分验证的假设直接得出结论。推理中的每个环节都要保持合理的顺序与因果关系，避免不当推导带来的误判。

（二）避免逻辑谬误与过度推理

法律推理中可能出现多种逻辑谬误，如“虚假因果关系”“类比错误”等，批判性思维要求法律从业者能够及时识别这些谬误，并做出合理调整。法律从业者可能会过度依赖不相关的类比，或者基于有限的证据推导出因果关系，进而得出不符合实际的结论。这种推理过程缺乏严谨性和证据支持。批判性思维要求法律从业者在推理过程中始终保持警觉，审视每一步推导是否合乎逻辑、是否有潜在的谬误。比如，推理过程中可能会因为社会普遍观念或情感因素，错误地推定被告的有罪或无罪，这种类比推理往往是片面的，忽视了案件的实际细节。批判性思维要求法律从业者摒弃单一的推理框架，避免对案件事实的过度推断和类比，从而确保推理过程的严谨性。

（三）区分假设性推理与实证性推理

批判性思维强调法律从业者要清晰区分假设性推理与实证性推理，避免在缺乏充分证据的情况下，将假设当作事实来支撑法律结论。假设性推理通常是基于一定的前提条件进行的推导，而实证性推理则要求有充分的证据支持。法律论证的严谨性要求从业者不能简单地依赖假设，而要确保结论建立在坚实的事实基础上。在判决一个刑事案件时，法院不应仅凭被告的历史背景或过去行为就推断其行为的动机，而应依据具体证据进行推理。如果没有明确证据表明被告的行为与案件事实相关，仅凭假设性推理得出的结论会显得不可信且不严谨。批判性思维要求法律从业者对每一个推理环节进行充分验证，确保所有推论都来源于真实和可靠的证据，从而避免不合理的推理产生偏差。

三、证据评估与反思

（一）审视证据的来源与真实性

批判性思维要求法律从业者在评估证据时，首先审视证据的来源与真实性。证据的可靠性直接影响案件的公正与最终判决的合理性。批判性思维鼓励法律从业者深入分析每一份证据的来源，检查其是否来自合法和可信的渠道。证据的来源是否非法获取或受到外部干扰、人为操控，都是需要认真考虑的因素。证人证言可能因证人的偏见、记忆错误或外部压力而受到影响。如果没有对证人背景和证言过程的深入审查，就可能出现误判的风险。批判性思维促使法律从业者反思证据的来源，考虑是否存在篡改或不当影响的可能性，并严格要求证据的真实性。对于不可靠的证据或来源不明的证据，法律从业者应采取审慎态度，避免将其作为案件推理的基础，从而确保审判结果的公正。

（二）分析证据的相关性与完整性

批判性思维还要求法律从业者对证据的相关性和完整性进行深入分析。证据的相关性至关重要，只有与案件事实密切相关的证据才能为案件的裁决提供有力支持。批判性思维促使法律从业者反思所使用的证据是否真正与案件的核心问题相关，是否有足够的直接性和支持性。如果某一证据链条缺失，或部分证据未能被充分呈现，可能会影响案件的整体判断。法律从业者应当全面审视案件中的每一项证据，确保没有重要的证据被遗漏或者被刻意忽视。法律从业者要通过批判性思维识别出可能被选择性忽略的证据，避免因证据不完整或不充分而导致错误结论的出现。

（三）警惕证据偏倚与证据链断裂

在评估证据时，批判性思维要求法律从业者警惕证据偏倚和证据链断裂的风险。证据偏倚是指某一方在收集或呈现证据时，存在故意选择性使用证据的情况，只挑选有利于自己的证据，而忽略不利证据。批判性思维要求法律从业者具备对证据偏倚的敏锐识别能力，确保所有证据都得到公正、全面呈现。证据链的完整性也是审理案件时必须考虑的因素。证据链的任何断裂都可能导致证据的合法性和有效性受到质疑。如果证据在收集、保存或转交过程中存在疏漏或不当处理，可能会影响其证明效力。法律从业者应运用批判性思维，仔细审查证据链是否存在断裂或其他瑕疵，确保所采纳的证据不会受到这些问题的影响。

四、多元视角的综合考虑

（一）社会公正与道德伦理的融入

批判性思维要求法律从业者不仅仅停留在法律条文的字面意义上，而是能够从社会公正和道德伦理的角度审视案件。法律条文虽然具有法律效力，但它并非孤立存在，它与社会的公正、道德伦理息息相关。因此，批判性思维要求法律从业者跳出法律条文的框架，从社会公正和道德伦理角度对案件进行多维度思考。如法院不仅要考虑法律对环境污染的具体规定，还应当考虑到环境保护对全社会的长远影响，考虑到社会公平和道德伦理的要求。批判性思维能够引导法律从业者通过多角度的审视，确保法律裁决不只是对法律条文的适用，而是能够照顾到社会利益和道德标准的平衡，确保社会公正。

（二）文化背景与历史背景的考量

除了社会公正和道德伦理外，批判性思维还要求法律从业者考虑案件的文化背景和历史背景。法律条文和司法解释并不是凭空出现的，而是有其历史渊源和文化背景。在不同的文化和社会背景下，同一法律条文的适用可能会产生不同的理解和影响。批判性思维要求法律从业者认识到，法律并非一成不变，尤其是在全球化和多元文化的背景下，法律适用时需要综合考虑历史背景和文化差异。涉及跨国案件或民族问题时，法院不仅需要考虑国内的法律条文，还要考虑到相关国际法、公约以及文化背景的差异。某些行为在不同的文化中可能会被理解为完全不同的事情，批判性思维能够帮助法律从业者跳出狭隘的法律框架，从更宽广的文化和历史视角进行审视，确保法律判决能够公正、合理地适应多元的社会背景。

（三）不同法律体系的对比与借鉴

批判性思维还要求法律从业者借鉴不同法律体系的经验，尤其是在全球化日益发展的今天，单一的法律体系往往难以解决复杂的国际争议和跨文化问题。批判性思维要求法律从业者能够认识到，世界各国在法律发展、法治理念和司法实践上的差异，能够从其他国家和地区的法律体系中汲取有益经验，完善和丰富自己的法律判断。在跨国案件的处理中，法官不仅要参考本国的法律体系，还应当借鉴国际法的相关规定，以及他国在类似案件中的判例或做法。批判性思维通过拓宽法律从业者的视野，使其能够在全球法律体系的框架下进行更为全面的分析，增强其法律论证的可接受性和公正性。

五、自我反思与批判

（一）识别并克服主观偏见

自我反思的首要步骤是意识到并识别个人的主观偏见。每个法律从业者，无论是法官、律师还是学者，都可能受到自身经验、情感或背景的影响，这些因素往往潜移默化地渗透到案件的分析和判决中。批判性思维要求从业者能够主动审视自己的思维模式，意识到可能存在的认知偏差。例如，法官在处理某些案件时，可能会受到个人经历、文化背景或社会观念的影响，导致对证据的解释或法律条文的适用产生偏差。批判性思维要求法律从业者保持高度的自觉，不断反思并识别潜在的偏见，从而保证法律判断尽可能客观、公正。这一反思机制的核心在于防止情感因素或社会压力影响判决，确保每一项法律决策都基于理性和事实。

（二）审视法律推理的合理性和证据支持

批判性思维要求法律从业者不断检验自己的推理过程，确保每一步推理都符合法律规范和事实依据。批判性思维不仅要关注结论的合理性，还应当反思整个推理过程是否具备足够的证据支持。对于法官而言，处理复杂案件时，往往需要基于大量的证据和法律条文进行推理，因此，反思自己的推理链条和证据依据是否充足、是否充分考虑了所有可能的解释，是确保论证质量和判决公正的关键。法律从业者需要定期回顾自己的推理路径，审视是否遗漏了可能影响结论的重要证据，是否过于依赖某一方的证据而忽视了另一方的合理辩解。通过这一自我反思的过程，可以及时发现推理中的漏洞，防止错误判断的产生。

（三）避免社会偏见与法治原则的冲突

自我反思的第三个重要方面是审视法律决策是否受到了社会偏见或流行观念的影响，是否脱离了法律的核心价值和法治原则。批判性思维要求法律从业者能够审视外部压力对自己判断的影响，并确保每一项判决都能严格依据法律规则和原则，而不是单纯迎合社会潮流或公众情感。例如，在处理涉及社会敏感话题或高度关注的案件时，法官和律师可能面临来自媒体、公众或利益集团的压力，可能会出现迎合社会期待的倾向。批判性思维要求法律从业者时刻反思自己的判决是否真正符合法律条文和法治精神，而不是在外界压力的驱动下偏离了法律的本质要求。法律从业者应保持司法的独立性和公正性，确保判决不受外界情感和偏见的干扰，维护法律的尊严与权威。

结束语

法律逻辑学主要研究如何运用逻辑推理来优化法律决策过程，确保法律推理的严谨性与准确性。法律论证作为一种推理模式，通过逻辑关系清晰地阐明法律问题与结论之间的联系。它要求依据事实、法律条文与推理规则，形成合理且具有说服力的判断。本书针对法律逻辑学与法律论证的关系得出了以下结论：

（1）法律逻辑学是应用形式逻辑和非形式逻辑分析法律论证和推理过程的学科。它研究法律推理中所使用的逻辑规则，主要包括归纳推理、演绎推理、类比推理等。法律逻辑学可以帮助分析法律条文之间的关系，探索法律规范如何在具体案件中被适用。它不仅限于传统的逻辑学分析，还涉及法律语言的理解和诠释，特别是在面临模糊、矛盾或多义法律条文时，逻辑分析可以提供明确的推理框架和解释路径。

（2）法律论证是指在法律决策中使用逻辑和语言工具，对法律规则、证据、先例等进行有理有据的推理过程。法律论证不仅包括法官对案件事实的认定，还包括法官如何将法律原则与案件事实相结合，最终做出裁决。其核心在于证明性和说服力，要求论证者能够提供合理的证据和有力的推理链条。法律论证的研究重点是如何分析法律推理的有效性，如何通过多方证据和不同法律规则的结合来形成支持或反对某一立场的论据。

（3）法律逻辑学和法律论证在实际法律工作中是密不可分的。法律逻辑学为法律论证提供了理论基础和方法论框架，而法律论证则是法律逻辑学在具体案件中的应用，二者共同推动法律实践的发展。法律论证不仅需要依赖明确的法律条文和逻辑推理，更涉及法律语言的运用、法律文化背景的理解以及法律规则的价值取向等因素。

总之，法律逻辑学和法律论证是法律思维的核心工具，它们不仅有助于法律文本的理解与应用，还能在具体案件中提升法律推理的质量和法律决策的公正性。

参考文献

[1] 杨三正. 法律逻辑学[M]. 兰州:兰州大学出版社,2015.

[2] 王洪. 法律逻辑学[M]. 北京:中国政法大学出版社,2008.

[3] 陈于后. 法律逻辑学[M]. 成都:电子科技大学出版社,2002.

[4] 万高隆. 法律逻辑学[M]. 厦门:厦门大学出版社,2013.

[5] 郝建设. 法律逻辑学[M]. 北京:中国民主法制出版社,2013.

[6] 黄现清. 法律论证的谬误研究[M]. 武汉:武汉大学出版社,2020.

[7] 杨猛宗. 法律论证的可接受性研究——非形式逻辑的视角[M]. 天津:天津人民出版社,2022.

[8] 杨猛宗,王一然. 法律逻辑学课程思政建设的实践探索[J]. 天津电大学报,2024,28(2):1-7.

[9] 吴海燕. 法律逻辑学课程实践教学现状与对策研究[J]. 法制博览,2024(23):163-165.

[10] 赤艳. 混合式教学法在法律逻辑学课程教学中的应用[J]. 西部素质教育,2024,10(7):162-165+170.

[11] 王芃. 法律思维训练与课程思政的融合路径研究——以《法律逻辑学》为例[J]. 牡丹江教育学院学报,2023(4):80-83.

[12] 栾莉舒. 高职院校法律逻辑学课程改革初探[J]. 法制博览,2020(27):187-188.

[13] 王新艳. 案例教学法在法律逻辑学课程中的应用[J]. 启迪,2020(11):32.

[14] 申伟. 论我国法官的司法论证义务——兼及对“法律逻辑学”的反思[J]. 暨南学报(哲学社会科学版),2015,37(4):99-107.

[15] 文颖丰. 高校法律逻辑学案例教学法的应用[J]. 产业与科技论坛,2018,17(18):140-141.

[16] 王敬凤. 论法律逻辑学与法律思维能力的培养[J]. 职工法律天地,2018(6):239.

[17] 蒋晓云. 论法律逻辑学教学的形式转向[J]. 教育探索,2014(11):53-54.

[18] 文颖丰. 新形势下法律逻辑学课程教学改革与实践[J]. 教育现代化,2017,4(52):79-80.

[19] 郝丽,孙兴华. 法律逻辑学教学改革探析[J]. 教育与职业,2010(5):185-187.

[20] 钢特木尔. 法律逻辑学教学中存在的问题及改革途径[J]. 内蒙古师范大学学报(教育科学版),2012,25(7):150-152.